Published by Pearson Education Limited, 80 Strand, London, WC2R ORL.

www.pearsonschoolsandfecolleges.co.uk

Text © Pearson Education Limited 2018

Developed by Justine Biddle
Edited by Melissa Weir

Designed and typeset by Oxford Designers & Illustrators Ltd.

Produced by Out of House Publishing
Original illustrations © Pearson Education Limited 2018

Illustrated by Beehive Illustration: Abdi, Gustavo Mazali, Paul Moran, Martin Sanders; KJA Artists: Jonathan, Mark, Neal, Pete; and Oxford Designers & Illustrators: Pete Ellis, Clive Goodyer, Andrew Hennessey, Alan Rowe.

Picture research by Aptara Inc.

Cover photo © Shutterstock/K-Smile love

Songs composed by Charlie Spencer of Candle Music Ltd. and performed by Christophe Hespel. Lyrics by Clive Bell and Gill Ramage.

Audio recorded by Alchemy Post (Produced by Rowan Laxton; voice artists: Alice Baleston, Olivier Deslandes, Matis Hulett, Félix Mitchell, Carole Rousseau, Tobias Stewart, Albane Tanqueray, Clotilde Tanqueray.)

The rights of Clive Bell and Gill Ramage to be identified as authors of this work have been asserted by them in accordance with the Copyright, Designs and Patents Act 1988.

First published 2018

21 20 19
10 9 8 7 6 5 4 3

British Library Cataloguing in Publication Data
A catalogue record for this book is available from the British Library

ISBN 978 1 292 22631 6

Printed in Italy by L.E.G.O S.p.a

Acknowledgements

We would like to thank Dru Beckles, Florence Bonneau, Vanessa Burns, Nicolas Chapouthier, Céline Durassier, Sylvie Fauvel, Anne French, Nicola Lester, Chris Lillington, Pete Milwright, Isabelle Porcon, Lisa Probert, Alison Ramage and Lynn Ramage for their invaluable help in the development of this course.

The authors and publisher would like to thank the following individuals and organisations for permission to reproduce copyright material:

Photographs

(Key: b-bottom; c-centre; l-left; r-right; t-top)

123RF: 10tc, 10c, 15c, 19t, 53, 64br, 72tl, 86tl, 110r, 137, Nito500 7cl, Richard Thomas 7cr, dglimages 10bl, Photodeti 10l, Sam74100 19b, Cathy Yeulet 21, Margouillat 33tl, 33tr, Sylvain Robin 33tbr, Handmadepictures 33bl, Joshua Resnick 33br, Cathy Yeulet 37c, Ian Allenden 43r, Ricardo Reitmeyer 50tl, Andrey Kiselev 50cl, Brent Hofacker 50bl, Tunedin123 50bc, Marilyn Barbone 50 br, David Izquierdo Roger 51t, Yelenayemchuk 51bt, Aleksandar Kitanovic 61b, Jasmin Merdan 62l, Pat138241 62r, Janos Gaspar 64btl, Strahil Dimitrov 64tr, Jakub Cejpek 64tbr, Ammit 64btr, Antonio Diaz 66tr, Cokemomo 81tbl, Boyenigma 82tc, Serhiy Hnylosyr 82bcl, Damedeeso 82br, Ekarin Apirakthanakorn 87, Pixbox 88 tc, Jennifer Barrow 88bc, Roman Pyshchyk 89br, Scusi 107r, Vadim Guzhva 116, Wavebreak Media Ltd 132l, 135, Sergii Kumer 132r; **Age Fotostock:** Paolo Negri 112br; **Alamy Stock Photo:** Sergio Pitamitz/imageBROKER 6cr, Gerry Yardy 6l, Justin Kase z12z 6r, David Noble/nobleIMAGES 7R, Les. Ladbury 7bl, Perry van Munster 7br, Todd Bannor

10cl, Jonathan Larsen/Diadem Images 11l, London Entertainment/Splash News 11r, Michael Dwyer 12b, Picturamic 14cl, Itanistock 14tr, DEA/W. BUSS/Universal Images Group North America LLC DeAgostini 17l, Toei Animation Company/Photo 12 17r Megapress 19l, Florian Kopp/Westend61 GmbH 24b, Carlos Cardetas 26, Pictorial Press Ltd 27t, Chronicle 32tl, INTERFOTO/Personalities 32tc, Keystone Pictures USA 32tr, Collection/Active Museum 32bl, The Print Collector 32bc, Photo Researchers/Science History Images 32br, Paolo Gallo 33btl, Jacques Loic/Photononstop 33t, Claude Truong-NGOC/Newzulu/CrowdSpark 36, Gaertner 38c, Kathy deWitt 39t, Ton Koene 39br, Louis-Paul st-onge Louis 41, Thierry Foulon/PhotoAlto 45, Xinhua 49, Moirenc Camille/Hemis.fr 50tr, Foodfolio 51r, Juergen Hasenkopf 57tl, Action Plus Sports Images 57tc, Christophe Launay/Aurora Photos 57tr, Lionel Urman/Splash News 57bl, Paul Lansdowne 57 br, Tim Moore 57b, BrunoWeltmann 61t, Stock Foundry Images 63, Blickwinkel/McPHOTO/MDF 64bl, Martin Lehmann 65t, Dawna Moore 65b, Bill Cheyrou 66l, Nik Taylor Sport 72b, Robert Smith 81tr, Pictorial Press Ltd 81btl, AF Archive 81bl, Jackie Brown/Splash News 81btr, Doreen Kennedy 81br, Paul Fearn 81cb, Allstar Picture Library 81c, Wegler, M/Juniors Bildarchiv GmbH 82tr, Wavebreakmedia Ltd PH70 84, Andreas Von Einsiedel 86bl, Wavebreakmedia Ltd PH85 88r, RubberBall 89bl, Martine Hamilton Knight/Arcaid Images 90tl, DOD Photo 90tr, Directphoto Collection 90bc, Alexander Sorokopud 90br, 91c, Lazyllama 91t, GAUTIER Stephane 98t, David R. Frazier Photolibrary, Inc . 98cl, John Bentley 98cr, GL Archive 104c, Peter Barritt 104tl, Freer Law 106tc, Hilke Maunder 106tcl, Petr Kovalenkov 106tl, Jacques PALUT 106tr, Graham Prentice 106bl, Simon Browitt 106br, Action Plus Sports Images 109c, B. O'Kane 110c, Michael Ventura 112tl, Eric Nathan 114bc, Jozef Sedmak 114br, Exotica.im 8 115c, B.O'Kane 115b, Incamerastock 117tl, Rieger Bertrand/Hemis.fr 117bc, Robert Gray 117br, Veryan Dale 121, Steve Skjold 131b; © **Bateaux Mouches:** 117bcl; **Clive Bell:** 8tl; **Corbis:** Flint 10tl; **Datacraft Co., Ltd.** 39bc; **Getty Images:** April Maciborka/Lonely Planet Images 39bl, Mychele Daniau 42t, John Elk III/Lonely Planet Images 81br, Education Images/Universal Images Group 86br, Creative Touch Imaging Ltd./NurPhoto 97b, Philippe Huguen/AFP 98b, Clive Champion/StockFood Creative 112tr, Eternity in an Instant/Photodisc 128, Helene Pambrun/Paris Match 129; **Gill Ramage:** 8tcl; **IMAV EDITIONS:** R. Goscinny et J-J. Sempé, Histoires inédites du Petit Nicolas, IMAV éditions, 2004 27b, 33b; **Mediatoon Distribution:** ©2007 DUPUIS/FRANCE 3/ARANEO BELGIUM/R.T.B.F. - All rights reserved 92, 93; **MIXA Co., Ltd:** 37l; **Pearson Education Ltd:** 51l, 51tb, 51b, 88cr, 88btc, 105tl, 105cr, 105tr, 112btl, Jules Selmes 6cl, 20tc, 20bc, 37r, 89tc, 112btr, 131t, Jon Barlow 10b, 20tr, 97t, Tudor Photography 10br, Sophie Bluy 38r, 42br, Malcolm Harris 82bl, Gareth Boden 89tl, Studio 8 89tr, Jörg Carstensen 91b; **Photodisc:** Bob Montesclaros/Cole Publishing Group 50cr; **Reuters:** Eric Gaillard 12t; **Shutterstock:** Evgeny Bakharev 6cr, Cs333 7l, ozero1504 9l, Yuttana Jaowattana 9r, Cowardlion 10tr, Pressmaster 10cr, Monkey Business Images 14l, 15t, 43l, 43c, 67, 113b, KateStone 14r, Sergey Novikov 15tb, Imtmphoto 15bt, Lapina 15b, Artens 15tr, James W Copeland 15bl, Servickuz 19r, ZouZou 20tl, Tracy Whiteside 20bl, 42bl, Kung Min Ju 20br, Netfalls - Remy Musser 24t, Mihai Todoran 33tbl, Shebeko 33btr, Kirsten Hinte 34, 1000 Words 38l, Alinute Silzeviciute 48b, Iakov Filimonov 56, Bikeriderlondon 62c, Ipatov 64tl, IM_photo 64tbl, Galina Barskaya 72c, 133, CREATISTA 72tr, 96, Klagyivik Viktor 75, Maria Dryfhout 80tl, Christian Mueller 80tc, s7chvetik 80tr, Max Allen 80cl, Pablo77 80c, Grass-lifeisgood 80cr, Karen Crewe 80bl, Ruud Morijn Photographer 80bc, MarenWulf 80br, Alp Aksoy 81tl, Laura Chou 81cl, Alex Kalashnikov 82tcr, Oleg Nekhaev 82bc, Matt Jeppson 82bcr, Robyn Mackenzie 88tl, Olga Nayashkova 88tr, Multiart 88c, Africa Studio 88c, Spaxiax 88btl, eZeePics Studio 88btr, Coprid 88bl, Nattika 88br, Vadim Ovchinnikov 90tc, Sofiaworld 90bl, Uber Images 99, Majeczka 104l, 114tl, Ever 104r, Peter Stein 104tr, Javarman 104b, 117l, RebeccaDLev 105cl, 112cr, Bonchan 105b, Leonid Andronov 106tcr, Singulyarra 106bc, Parilov 106bcl, Mehmet Cetin 106bcr, Stockshoppe 107l, Victor Ramon 109t, Stor24 109b, imtmphoto 110l, Katerina Graghine 112cl, Tamonwan Apaikawee 112bl, Pressmaster 113t, Kavalenkava 114tc, Mo Peerbacus 114tr, Huang Zheng 114bl, Pixel Prose Images 115t, Tony S.Borisov 117tr, Dim4ik-69 117c, Olrat 117bcr, Catarina Belova 120l, Captain Yeo 120r; **Superstock:** Agf photo 86tr

All other images © Pearson Education

Text

Page 26, Extract from French Kids Songs & Rhymes by Mama Lisa's World. Used with permission from Mama Lisa's World; Page 49, Extract from Étudier, c'est pas sorcier! Copyright © 2017 by Bayard Presse. Used with permission from Bayard Presse; Page 74, R. Goscinny et J-J.Sempé, extrait de << Rugby à XV >>, Le Petit Nicolas, c'est Noël!, IMAV éditions, 2013.

Websites

Pearson Education Limited is not responsible for the content of any external internet sites. It is essential for tutors to preview each website before using it in class so as to ensure that the URL is still accurate, relevant and appropriate. We suggest that tutors bookmark useful websites and consider enabling students to access them through the school/college intranet.

Note from the publisher

Pearson has robust editorial processes, including answer and fact checks, to ensure the accuracy of the content in this publication, and every effort is made to ensure this publication is free of errors. We are, however, only human, and occasionally errors do occur. Pearson is not liable for any misunderstandings that arise as a result of errors in this publication, but it is our priority to ensure that the content is accurate. If you spot an error, please do contact us at resourcescorrections@pearson.com so we can make sure it is corrected.

Table des matières

Table des matières

Module 5 *En ville*

La rentrée

1 Écoute et chante!

Le rap de l'alphabet

A B C D – vingt-six lettres dans l'alphabet!
E F puis c'est G – vingt-six lettres dans l'alphabet!
H I J K L – vingt consonnes et six voyelles!
M N O P – vingt-six lettres dans l'alphabet!

Q R S et T – vingt-six lettres dans l'alphabet!
U V W X Y
Z c'est la fin! Au revoir, les mecs!

2 Ça se dit comment en français?

1. les JO (Jeux Olympiques)

2. l'UE (Union européenne)

3. les BD (bandes dessinées)

4. le VTT (vélo tout-terrain)

5. le TGV (train à grande vitesse)

3 Trouve les mois. Quel est le bon ordre?

novembre   août
mai janvier
septembre
avril **mars**
février juin
juillet **octobre**
décembre

4 Écoute et vérifie.

5 Associe les jours et les planètes.

lundi
mardi
mercredi
jeudi
vendredi
samedi
dimanche

- The days of the week do not start with a capital letter in French!
- *–di* comes from the Latin word for 'day'.
- The only day of the week <u>not</u> named after a planet is *dimanche* (Sunday).

6 Associe les fêtes et les dates.

1 la Chandeleur

2 poisson d'avril

3 le jour de Noël

4 la fête nationale française

5 Mardi gras

6 la fête de la musique

| ***premier*** | *first* |

In French, there are five written symbols which appear above or below certain letters. They are called accents.

acute accent: **é**
grave accent: **à, è, ù**
circumflex: **â, ê, î, ô, û**
cedilla: **ç**
tréma: **ë**

Can you find one example of each type of accent on these two pages?

a le premier avril

d le 14 juillet

b le 25 décembre

e le 2 février

c le 21 juin

f en février ou en mars

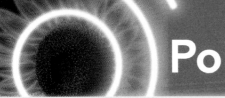

Point de départ

- Learning to pronounce key French sounds
- Saying your name and learning numbers

Écoute, répète et fais les gestes.
Listen, repeat and do the gestures.

If your teacher has Front of Class resources, watch the video and copy the gestures. If not, make up your own gestures!

LES SONS DE LA RENTRÉE

vélo

bise

Salut!

Ça va?

professeur

maths

fenêtre

musique

portable

araignée

serpent

intelligent

numéro un

chaud

eau

poisson

Écoute. C'est quel mot? Fais le bon geste. (1–10)
Listen. Which word is it? Do the correct gesture.

En tandem. Dis un mot. Ton/Ta camarade fait le geste.
In pairs. Say a word. Your partner does the gesture.

En tandem. Lis la liste des prénoms à haute voix. Garçon 👤 ou fille 👤?

In pairs. Read the list of names aloud. Boy or girl?

Écoute et vérifie.
Listen and check.

Learning to pronounce different sounds correctly in French will help you predict how to say new words when you come across them.

Sounds showing a nose symbol are nasal sounds. It will feel like you make the sound partly in your nose.

Léa   **Juliette**   Théo
Mathis   **Arnaud**   Quentin
François   **Marie**   Zoé

6 Écoute et lis le premier dialogue. Puis écoute les autres dialogues. Écris le bon prénom et dessine le bon symbole. (1–3)
Listen and read the first dialogue. Then listen to the other dialogues. Write down the correct name and draw the correct symbol.

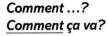 Ça va (très) bien, merci.

😐 Pas mal, merci.

😟 Ça ne va pas!

Exemple: 1 Léa 😐

- *Bonjour. Comment t'appelles-tu?*
- *Salut! Je m'appelle Léa.*
- *Comment ça va?*
- *Pas mal, merci.*
- *Au revoir!*
- *À plus!*

Comment …?	How …?
Comment ça va?	How are you?
It can also mean 'What …?'	
Comment t'appelles-tu?	What is your name?
(literally: How are you called?)	

7 En tandem. Regarde les photos et adapte le dialogue de l'exercice 6.
In pairs. Look at the photos and adapt the dialogue from exercise 6.

Élodie   Léna

Chloé   Julien

8 Lis les nombres. Puis écoute. Il manque **trois** nombres. Lesquels?
Read the numbers. Then listen. Three numbers are missing. Which ones?

1 un	2 deux	3 trois	4 quatre	5 cinq	6 six
7 sept	8 huit	9 neuf	10 dix	11 onze	12 douze
13 treize	14 quatorze	15 quinze	16 seize	17 dix-sept	
18 dix-huit	19 dix-neuf	20 vingt	21 vingt-et-un		

9 Copie et complète les nombres. Lis les nombres à haute voix. Écoute et vérifie.
Copy and complete the numbers. Read the numbers aloud. Listen and check.

22 vingt-deux   **23** vingt-trois   **24**   **25** vingt-cinq   **26**

27   **28**   **29**   **30** trente   **31**

As-tu des frères et sœurs?

- Talking about brothers, sisters and age
- Using the verb *avoir*

Écoute. Qui parle? (1–6)
Listen. Who's speaking?

Exemple: **1** Sarah

As-tu des frères et sœurs?

Présente la photo de tes frères et sœurs pour tes camarades de classe.

Sarah

Luc

Omar

Clara

Patrick

Liliane

J'ai …   un frère / demi-frère.
           une sœur / demi-sœur.
           deux frères / demi-frères.
           trois sœurs / demi-sœurs.

Je n'ai pas de frères et sœurs.

Je suis …   fils unique.
            fille unique.

s on the end of most French words is silent:
e.g. *As-tu des frères et sœurs?*
But you do pronounce the *s* on *fils*.

In French, there are two words for 'a' **G**
(the indefinite article).

masculine noun   *un frère*
feminine noun   *une sœur*

Page 28

Interviewe trois camarades.
Interview three classmates.

- *As-tu des frères et sœurs?*
- *Oui, j'ai deux frères et une sœur. / Non, je suis fils / fille unique. Et toi?*
- *J'ai … / Je n'ai pas de …*

Écris des phrases pour tes camarades et une phrase pour toi.
Write sentences for your classmates and a sentence for you.

Je m'appelle Jake. J'ai deux frères et une demi-sœur.

Don't forget the grave accent on *frère(s)*. Make sure it slopes the right way!

4 Écoute. Copie et complète le tableau. (1–4)
Listen. Copy and complete the grid.

	age	brothers / sisters
1 Karim		
2 Lucie		
3 Alex		
4 Leila		

avoir (to have)
j'**ai**	I have
tu **as**	you have
il/elle **a**	he/she has

J'ai deux frères. **I have** two brothers.

You also use *avoir* with age.

Quel âge **as-tu**? How old are you?
J'ai onze ans. I am 11 years old.

How would you translate this question and answer literally?

Page 29

5 Écoute encore une fois. Copie et complète les prénoms des frères et sœurs.
Listen again. Copy and complete the brothers' and sisters' names.

1 N __ u __   3 Ma __ __ __ __
2 Yan __ __   4 Me __ __ __ et Zi __ __ __

To remind yourself of the French alphabet, listen again to the rap on page 6.

6 En tandem. Fais un dialogue avec ton/ta camarade.
In pairs. Make up a dialogue with your partner.

- *Salut! Comment t'appelles-tu?*
- *Je m'appelle Ben. Et toi?*
- *Je m'appelle Sunita. Quel âge as-tu?*
- *J'ai douze ans. Et toi?*
- *J'ai douze ans aussi. As-tu des frères et sœurs?*
- *Non, je suis fils unique. Et toi?*
- *Oui, j'ai un frère, Jacob. J-A-C-O-B.*

7 Lis les textes et réponds aux questions en anglais.
Read the texts and answer the questions in English.

Who ...
1 has three sisters?
2 has only one brother?
3 has two brothers?
4 is 29 years old?
5 is 35 years old?
6 is 37 years old?

Je m'appelle Yaya Touré. J'ai trente-cinq ans. Je suis un footballeur de la Côte d'Ivoire. J'ai un frère, Kolo. Il a trente-sept ans. Il est aussi footballeur.

Je m'appelle Elizabeth Olsen. Je suis actrice. J'ai vingt-neuf ans. J'ai trois sœurs, Mary-Kate, Ashley et Taylor. J'ai aussi deux frères, Trent et Jake.

8 Tu es une célébrité. Écris quelques phrases. Adapte les textes de l'exercice 7.
You are a celebrity. Write a few sentences. Adapt the texts from exercise 7.

Voici ma salle de classe!

- Describing a classroom
- Using the indefinite and definite articles

Lire

1 **Regarde la photo. Trouve le bon mot pour chaque numéro. Puis dis les mots à haute voix.**
Look at the photo. Find the correct word for each number. Then read the words aloud.

Exemple: **1** une fenêtre

Qu'est-ce qu'il y a sur la photo?

Sur la photo, il y a …
un tableau
   (noir / blanc)
un poster
un/une prof
   (professeur)
un écran
un ordinateur
une porte
une fenêtre
une tablette
des tables
des chaises
des élèves

Salut! C'est la rentrée scolaire.
Voici ma nouvelle salle de classe!

Écouter

2 **Écoute et vérifie.**
Listen and check.

il y a means 'there is' or 'there are'.
Sur la photo, il y a une prof, des élèves …
In the photo, <u>there is</u> a teacher, some students …

In French, all nouns are either masculine or feminine.

G

masculine	feminine	plural
un *poster*	***une*** *fenêtre*	***des*** *chaises*
a poster	**a** window	**some** chairs

Page 28

Écouter

3 **Écoute et regarde la photo. Vrai ou faux? (1–6)**
Listen and look at the photo. True or false?

sur le mur
on the wall

Une salle de classe en
Côte d'Ivoire, en Afrique.

Écoute. C'est la photo A, la photo B, ou les deux? L'opinion est positive ou négative? (1–5)
Listen. Is it photo A, photo B, or both?
Is the opinion positive or negative?

C'est …

😃	sympa génial moderne	🙁	triste nul démodé

Jeu de mémoire. Choisis la photo A ou B de la page 12. Qu'est-ce qu'il y a sur la photo?
Memory game. Choose photo A or B from page 12.
What is there in the photo?

> Remember, *qu* is pronounced 'k'.
> *Qu'est-ce que* sounds like 'keskuh'.
> *Qu'est-ce qu'il y a* sounds like 'keskeel-ee-ya'.

- *Qu'est-ce qu'il y a sur la photo A?*
- *Il y a un ordinateur, des chaises, un/une/des …*
  C'est sympa et moderne.

Écoute, lis et regarde l'image. Traduis en anglais les mots en couleur.
Listen, read and look at the picture. Translate the coloured words into English.

Voici ma salle de classe. C'est sympa et c'est moderne.

La prof est **au fond** de l'image. Elle s'appelle Madame Lemercier. Il y a un tableau blanc. Le tableau blanc est **au fond** aussi.

Dans la salle de classe, il y a une porte. La porte est **à gauche**. Il y a aussi une fenêtre. La fenêtre est **à droite**.

Il y a aussi une table, **à droite**. Sur la table, il y a un ordinateur et des tablettes. **À gauche**, il y a un poster sur le mur.

Au centre, il y a des tables et des chaises – et **au centre** aussi, il y a nous, les élèves!

Écris la description d'une salle de classe. Adapte le texte de l'exercice 6.
Write a description of a classroom. Adapt the text from exercise 6.

Voici ma salle de classe. C'est génial. Il y a un tableau blanc. Le tableau blanc est à droite. Il y a aussi une fenêtre. La fenêtre est …

	indefinite article	definite article
masculine singular	*un* (a / an) ➡	*le / l'* (the)
feminine singular	*une* (a / an) ➡	*la / l'* (the)
plural	*des* (some) ➡	*les* (the)

French is spoken by over 220 million people across the world and is the official language in 29 countries, including parts of Africa and the Caribbean. Can you describe a classroom in a different country for exercise 7? You could start, for example, with:

Voici une salle de classe en Belgique. C'est …

Page 28

3 Tu aimes ça?

- Talking about likes and dislikes
- Using the verb *aimer* + the definite article

Écouter 1 **Écoute et lis. Écris la bonne lettre. (1–4)**
Listen and read. Write the correct letter.

Bulletin rentrée: Présente-toi à tes camarades de classe!

1
Cédric

J'aime **le sport**, surtout **le foot** et j'aime **les pizzas**!
Je n'aime pas **les serpents**.

2
Safia

J'aime **la danse** et **la musique**.
J'aime aussi **les glaces**.
Je n'aime pas **les jeux vidéo**.

3
Adil

J'aime **le vélo** et j'aime **les vacances**. Je n'aime pas **le collège** et je n'aime pas **le poisson**. Beurk!

4
Nina

J'aime **les BD**, **les mangas** et **le cinéma**, mais je n'aime pas **les araignées**!

 = j'aime   = je n'aime pas

surtout *especially*

a

b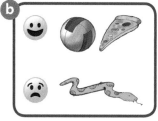

c

d

–en (as in *serpent*) is a nasal sound. **–an** (as in *danse*) and **–on** (as in *poisson*) are also nasal sounds. In pairs, try saying this tongue-twister. Pay attention to the nasal sounds.

En France, Nathan aime le poisson, mais pas les serpents!

 Écouter 2 **Écoute. Copie et complète le tableau. (1–6)**
Listen. Copy and complete the grid.

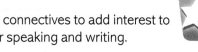

	😀	🙁
1	video games	cinema

Use connectives to add interest to your speaking and writing.

et	and
mais	but
aussi	also

Note the word order with **aussi**.

J'aime les glaces. J'aime <u>aussi</u> les pizzas.
I like ice cream. I <u>also</u> like pizza.

G

aimer (to like) is a regular **–er** verb.

j'aime	I like
tu aimes	you like
il/elle aime	he/she likes

You must use a definite article with the noun after *aimer*.

*J'aime **la** musique.* I like music.

To make a sentence negative, use **ne ... pas** or **n'... pas** to make a 'sandwich' around the verb.

*Elle **n'**aime **pas** le poisson.* She doesn't like fish.

Page 29 ▶

3 **Fais un sondage. Pose <u>quatre</u> questions à tes camarades.**
Do a class survey. Ask your classmates <u>four</u> questions.

- *Tu aimes la danse?*
- *Oui, j'aime la danse. Et toi?*
- *Non, je n'aime pas la danse.*

la danse?

le collège?

Tu aimes …

les serpents?

le cinéma?

When asking a question, make your voice go up at the end.

Tu aimes le sport?

Do you like sport?

4 **Lis et trouve les partenaires d'échange franco–britanniques.**
Read and find the French–British exchange partners.

www.monde_des_amis.fr

 Salut! J'aime le judo et j'aime la musique, surtout le hip-hop. C'est génial! Et toi? **Léo**

 Coucou! J'aime le basket et le volleyball. J'aime aussi la danse classique. C'est sympa. À plus! **Manon**

 Bonjour. Je n'aime pas le foot et je déteste le tennis, mais j'aime les jeux vidéo. *Final Fantasy*, c'est hyper-cool! **Tarik**

 Salut, c'est moi! J'aime les dessins animés et les BD, mais je déteste le collège. C'est nul! **Yasmine**

 Ça va? Je déteste la télé, mais j'aime le cinéma, surtout les films de science-fiction. Et toi? **Nolan**

détester to hate

I find school boring, but I like comic books and cartoons.

Dylan

I'm really into martial arts and my favourite singer is Rihanna.

Zack

I'm not very sporty, but I love gaming.

Lucy

I love sport and going dancing with my friends.

Chloe

I don't watch much TV, but I'm a bit of a sci-fi geek!

Connor

5 **Traduis en anglais les messages de Manon et de Nolan.**
Translate Manon and Nolan's messages into English.

6 **Écris <u>deux</u> posts sur le site www.monde_des_amis.fr.**
Write <u>two</u> posts for the website www.monde_des_amis.fr.

- Write one message for yourself and one for a friend.
- Use the messages in exercise 4 as a model.
- Start with a greeting.
- Say what you like or dislike.
- Use connectives (*et, mais, aussi*).
- Include an opinion (e.g. *c'est génial*).

Tu es comment?

- Describing yourself and others
- Using adjective agreement

1 **Trouve le bon personnage pour chaque phrase.**
Find the correct character for each sentence.

1 Je suis petit et timide.
2 Je suis patient et intelligent.
3 Je suis arrogante et méchante.
4 Je suis amusante et bavarde.
5 Je suis grand et fort.

> To work out meaning, look for cognates (words that are the same or similar in English): e.g. *intelligent, amusant.*

Manu   Jade   Lola   Ludo   Kyo

2 **Écoute et vérifie. (1–5)**
Listen and check.

3 **Écoute et complète les phrases en français. (1–4)**
Puis choisis _deux_ phrases et traduis-les.
Listen and complete the sentences in French.
Then choose _two_ sentences and translate them.

Tu es comment?

1 Je suis   petite, mais je suis forte.
2 Je suis grand et patient, mais je suis
     timide.
3 Je suis   bavard, mais je suis
     amusant.
4 Je suis   intelligente et   arrogante,
     mais je ne suis pas méchante.

> Listen out for these qualifiers to fill the gaps in exercise 3. You can use them with adjectives to enhance what you say or write.
>
> | | | | |
> |---|---|---|---|
> | ***assez*** | quite | ***trop*** | too |
> | ***très*** | very | ***un peu*** | a bit |

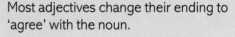

> Most adjectives change their ending to 'agree' with the noun.
>
> | masculine | feminine |
> |---|---|
> | *amusant* | *amusante* |
> | *arrogant* | *arrogante* |
> | *bavard* | *bavarde* |
> | *fort* | *forte* |
> | *grand* | *grande* |
> | *intelligent* | *intelligente* |
> | *méchant* | *méchante* |
> | *patient* | *patiente* |
> | *petit* | *petite* |
> | *timide** | *timide* |
>
> In the masculine form, the final consonant is silent, but in the feminine form, we pronounce the consonant before the final 'e'. Have a go at saying both versions!
>
> **timide* has the same ending for masculine and feminine nouns.

Page 28 ▶

4 **En tandem. Parle avec ton/ta camarade.**
In pairs. Talk to your partner.

- *Tu es comment?*
- ■ *Je suis <u>assez grand(e)</u> et <u>amusant(e)</u>, mais je suis <u>un peu bavard(e)</u>. Je ne suis pas <u>très patient(e)</u>. Et toi?*

 5 **Écoute et écris les <u>deux</u> bonnes lettres. (1–4)**
Listen and write the <u>two</u> correct letters.

a name
b age
c brothers / sisters
d likes / dislikes
e what he / she is like

être (to be) G

je **suis**	I am
tu **es**	you are
il/elle **est**	he/she is

To make it negative, use
ne ... pas to make a 'sandwich'
around the verb.

*Je **ne** suis **pas** très grand(e).*
I am not very tall.

ne shortens to ***n'*** in front of
a vowel.

*Il **n'**est **pas** arrogant.*
He is not arrogant.

Page 29

---

 6 **Lis le texte et réponds aux questions en anglais.**
Read the text and answer the questions in English.

Dans les BD, les mangas et les dessins animés: qui est ton personnage préféré?

Moi, j'aime les BD. Mon personnage préféré, c'est Tintin. Il est journaliste et il aime l'aventure. Il est sympa et très intelligent. Il n'est pas très grand.

J'aime les mangas! Mon personnage préféré, c'est Sailor Moon. Elle est soldat et princesse. Au collège, elle est un peu timide, mais elle est intelligente et forte.

Which character ...

1 is strong?
2 is nice?
3 is sometimes a bit shy?
4 likes adventure?
5 is not very tall?

BD – or ***bandes dessinées*** – (comic books) are very
popular in France. Two of the most famous series are
Tintin and *Astérix*. Many teens also read mangas, and
French mangas (or 'manfras') are a growing trend.

---

 7 **Traduis ces phrases en français.**
Translate these sentences into French.

Which adjective
ending do you need?

1 He is tall and nice.

2 My name is Sophie. I am quite <u>talkative</u>.

J'ai or Je suis? → **3** <u>I am</u> 12. I have a brother, Thomas. He is a bit shy.

4 I like Batman. He is very strong, but he is <u>not</u> nasty. ← Where does *ne ... pas* go?

Qu'est-ce que tu fais?

- Saying what you do
- Understanding infinitives and regular *–er* verbs

Écoute et lis la chanson. Ça parle de quoi?
Listen to and read the song. What is it about?

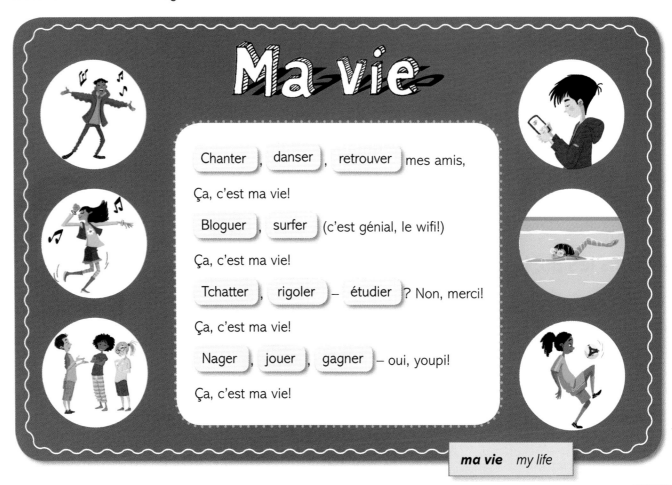

Ma vie

Chanter , danser , retrouver mes amis,

Ça, c'est ma vie!

Bloguer , surfer (c'est génial, le wifi!)

Ça, c'est ma vie!

Tchatter , rigoler – étudier ? Non, merci!

Ça, c'est ma vie!

Nager , jouer , gagner – oui, youpi!

Ça, c'est ma vie!

ma vie	my life

To get the gist of a text, look for:
- picture clues
- words you already know
- words you can guess, e.g. cognates!

G

The **infinitive** is the form of the verb meaning **'to** do something', e.g. **'to** swim', **'to** do', **'to** sing'.

Many infinitives end in **–er** in French:
e.g. *chant**er*** (to sing), *nag**er*** (to swim).

You use the infinitive to form other parts of the verb:
e.g. 'I sing', 'we swim'.

Page 29

Trouve dans la chanson l'équivalent en français des infinitifs en anglais.
Find in the song the French equivalents of the infinitives in English.

Exemple: to sing   *chanter*

1 to blog   b
2 to dance   d
3 to study   é
4 to win   g
5 to play   j

6 to swim   n
7 to meet up with (my friends) re
8 to have a laugh   ri
9 to surf   s
10 to chat (online)   t

3 Lis le texte et réponds aux questions en anglais.
Read the text and answer the questions in English.

Qu'est-ce que c'est pour toi, la rentrée?

Marine
Pour moi, la rentrée, c'est génial!
C'est retrouver mes amis, bavarder,
rigoler 😀. J'adore mes amis! 😍

Hugo
Pour moi, la rentrée, c'est la fin des
vacances. C'est étudier, bosser, écouter
les profs … C'est triste. 😟

Cassandra
Pour moi, la rentrée, c'est le sport et
les clubs au collège: jouer au basket,
nager, chanter dans la chorale …
C'est super! 😀

la rentrée	*start of the school year*
bavarder	*to talk, chat*
bosser	*to work (slang)*

1 Why does Marine enjoy going back to school?

2 Name <u>one</u> thing Hugo does <u>not</u> like about going back to school.

3 Which of the following school clubs does Cassandra <u>not</u> belong to?
   a swimming   **c** computing
   b choir   **d** basketball

4 Écoute. Pour chaque phrase, écris l'infinitif en français. (1–6)
Listen and note down in French the infinitive or infinitives in each sentence.

Exemple: 1 danser

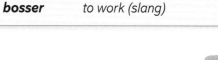

The infinitive often translates as 'do**ing** something'.

*Pour moi, la rentrée, c'est **retrouver** mes amis, …*

For me, going back to school is **meeting up with** my friends, …

How many infinitives can you spot in the text in exercise 3?

5 Écris un texte pour toi. Adapte un texte de l'exercice 3.
Write a text about yourself. Adapt a text from exercise 3.

Je m'appelle Julie. Pour moi, la rentrée, c'est …. C'est …

In French, there are three words for 'my'.

masculine	feminine	plural
mon portable my phone	*ma* vie my life	*mes* amis my friends

Note: If a feminine noun starts with a vowel, you use *mon*: **mon** ami**e** Samira.

6 Mon interview par vidéo!

- Creating a video interview about yourself
- Giving dates in French

Écoute. Qui parle? (1–6)
Listen. Who is speaking?

C'est quand, ton anniversaire?

Mon anniversaire, c'est …

le **3** octobre — Salim

le **1er** décembre — Emma

le **30** juin — Lucas

le **17** août — Ambre

le **15** mars — Ryan

le **24** février — Lina

le + number + month ➡ **le cinq janvier**

le premier (the 1st) ➡ **le premier juillet**

Do you remember how to pronounce these key sounds?

qu	r	é
quand	*mars, octobre, novembre*	*février, décembre*

an and **on** are nasal sounds like **in**:

an	*janvier*
on	*ton anniversaire*
in	*juin*

Fais un sondage de classe. Quel est le mois le plus populaire?
Do a class survey. Which is the most popular month?

- ● C'est quand, ton anniversaire?
- ■ *Mon anniversaire, c'est le <u>vingt-et-un avril</u>.*

Lis et traduis les questions en anglais. Puis écoute et chante.
Read and translate the questions into English. Then listen and sing.

a Comment t'appelles-tu?

b Comment ça va?

c Tu es comment?

d Quel âge as-tu?

e C'est quand, ton anniversaire?

f Tu aimes le sport?

g As-tu des frères et sœurs?

4 **Écoute l'interview. Note en anglais les réponses aux questions de l'exercice 3.**
Listen to the interview. Note down in English the answers to the questions from exercise 3.

 5 **Lis le blog de Samuel et complète le texte.**
Read Samuel's blog and complete the text.

> Samuel
> 12 ans
> intelligent, sympa, timide
> 13 novembre
> 0 frère, 1 sœur
> ☺ sport, vélo, jeux vidéo, cinéma

Salut! Ça va? Je m'appelle **1** . Je cherche un ami en France.

Je suis assez **2** et très **3** , mais un peu **4** .

J'ai **5** **6** . Mon anniversaire, c'est le **7** **8** .

J'aime le **9** , surtout le **10** . C'est génial! J'aime aussi les **11** et le **12** .

Je n'ai pas de **13** , mais j'ai une **14** , Marie. À plus!

Samuel

> ***Je cherche un ami/une amie.*** *I am looking for a friend.*

 6 **Dans le texte de l'exercice 5, trouve l'équivalent en français des mots dans le tableau.**
In the text in exercise 5, find the French equivalent of the words in the table.

connectives	qualifiers
and	quite
but	very
also	a bit

 7 **Prépare une interview sur toi par vidéo. Écris des notes.**
Prepare a video interview about yourself. Write notes.
- Imagine you are looking for a friend in France.
- Answer the questions from exercise 3.
- Use Samuel's text from exercise 5 as a model.
- Write short prompts which you can use to speak from (see Samuel's blog).
- Include connectives and qualifiers to add interest.

 8 **En tandem. Répète et enregistre une interview par vidéo. Attention à la prononciation!**
In pairs. Rehearse and record a video interview. Take care with your pronunciation!

- *Bonjour. Comment t'appelles-tu?*
  - ▪ *Salut. Je m'appelle Sarah.*
- *Tu es comment?*
  - ▪ *Je suis assez …*
- *…*

Give feedback and offer suggestions for improvement. Award three stars, two stars or one star for each of the following:
- pronunciation
- use of connectives and qualifiers
- speaking fluently from notes.

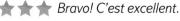 ★★★ *Bravo! C'est excellent.*
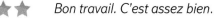 ★★ *Bon travail. C'est assez bien.*
★ *Pas mal, bravo pour tes efforts.*

 9 **Regarde et commente l'interview de deux de tes camarades.**
Watch and comment on the interview of two of your school friends.

Bilan

P

I can ...

- pronounce key French sounds correctly: .... *vélo, bise, salut*
- introduce myself: .... *Salut. Je m'appelle … Comment ça va?*
- use numbers up to 31: .... *un, deux, trois … trente-et-un*

1

I can ...

- talk about brothers and sisters: .... *J'ai un frère et deux sœurs.*
- talk about age: .... *Quel âge as-tu? J'ai onze ans.*
- use the verb *avoir* (to have): .... *j'ai, tu as, il/elle a …*

2

I can ...

- describe what there is in a classroom: .... *Il y a une porte, des chaises, …*
- give simple opinions: .... *C'est sympa. C'est nul.*
- say where things are: .... *Au centre, … À droite, …*
- use the indefinite article ('**a**'): .... *un poster, une table, des élèves*
- use the definite article ('**the**'): .... *le poster, la table, l'écran, les élèves*

3

I can ...

- say what I like and dislike: .... *J'aime les BD et la musique. Je n'aime pas le sport.*
- use connectives: *et, mais, aussi*: .... *J'aime aussi la danse.*
- use the verb *aimer* (to like): .... *j'aime, tu aimes, il/elle aime …*
- use *ne … pas* to make a verb negative: .... *Il n'aime pas les araignées.*

4

I can ...

- describe myself: ⎫
- use qualifiers: ⎭ .... *Je suis très amusant, mais un peu bavard.*
- make adjectives agree: .... *Il est intelligent. / Elle est intelligente.*
- use the verb *être* (to be): .... *je suis, tu es, il/elle est …*

5

I can ...

- understand the gist of a text: .... *bloguer, surfer (c'est génial, le wifi!)*
- understand infinitives: .... *chanter, danser, nager*
- use the correct word for '**my**': .... *mon portable, ma tablette, mes amis*

6

I can ...

- talk about birthdays: .... *Mon anniversaire, c'est le seize octobre.*
- ask and answer questions: .... *Comment t'appelles-tu? Je m'appelle …*
  As-tu des frères et sœurs? Oui, j'ai …

Révisions

Ready

1 In pairs. Take turns to say these key words. Check your partner's pronunciation.

salut ça va? numéro un serpent poisson professeur araignée

2 Write down <u>six</u> things you might find in a classroom. Write *un/une* or *des* with each one. Check against the *Vocabulaire* on page 30.

3 Is each of these adjectives in the masculine (m) or feminine (f) form, or does the adjective have the same form for both genders? What does each adjective mean?

petite patiente grand timide forte méchant

Get set

4 In pairs. Say the following things about yourself.
- your name
- your age
- your birthday
- what you are like

5 Fill the gaps in the sentences using the words from the box.
1 J'ai un frère et une   .
2 J'ai une   -sœur.
3 Je n'ai pas de   et sœurs. Je suis fils   .

unique	frères
demi	sœur

6 Translate this message from your French friend into English.

> J'aime la musique et le cinéma. J'aime aussi le vélo et les glaces, mais je n'aime pas les serpents. Et toi?

Go!

7 Say at least <u>three</u> things you like and at least <u>two</u> things you don't like.

8 Write <u>three</u> sentences to describe yourself (height, personality, etc.). Use one of these words correctly in each sentence.

mais aussi très trop un peu

9 Complete these <u>four</u> questions in French.
1 Comment   va?
2   t'appelles-tu?
3 Tu   les serpents?
4 C'est   , ton anniversaire?

1

Écoute la conversation avec Julie. Complète les phrases en anglais.

Listen to the conversation with Julie. Complete the sentences in English.

1 Julie is _____ years old.
2 Her birthday is on 25th _____ .
3 She has two _____ .
4 Julie is very _____ .
5 She likes _____ .

Don't get caught out by the negative **ne … pas**!

2

Conversation. Prépare tes réponses aux questions. Puis écoute et réponds.

Prepare your answers to the questions. Then listen and answer.

- Comment t'appelles-tu?
- Comment ça va?
- Quel âge as-tu?
- C'est quand, ton anniversaire?
- As-tu des frères et sœurs?

Extra challenge! Ask a question back, or ask a new question.

3

Description d'une photo. Regarde la photo et prépare tes réponses aux questions. Puis écoute et réponds.

Look at the photo and prepare your answers to the questions. Then listen and answer.

Une salle de classe en Madagascar.

- Qu'est-ce qu'il y a sur la photo?
  Sur la photo, il y a …
- Tu aimes la photo?
  Oui, c'est … Non, c'est …

Remember to use these prepositions.

au fond	at the back
au centre	in the middle
à droite	on the right
à gauche	on the left

4 **Lis le texte. Complète les phrases. Écris Baptiste, Olivia, Alex ou Karim.**
Read the text. Complete the sentences. Write Baptiste, Olivia, Alex or Karim.

		www.lespassetemps.fr	
	Baptiste	Je joue sur ma PlayStation. J'adore les jeux vidéo, mais regarder la télé, c'est nul.	
	Olivia	Je ne suis pas très grande mais je suis très sportive. Je joue au basket et je nage aussi.	
	Alex	La musique, c'est ma vie! J'aime surtout le rap. Mais je n'aime pas la danse. C'est nul!	
	Karim	Je suis membre d'un club de théâtre. J'aime danser et chanter. C'est amusant!	

1 _____ is very sporty.
2 _____ loves computer games.
3 _____ is keen on musical theatre.
4 _____ doesn't like dancing.
5 _____ finds TV rubbish.
6 _____ is not very tall.

Look for cognates to help you understand the text. Some activities are mentioned by more than one person, so watch out for the negative **ne … pas**, which tells you what someone does <u>not</u> do or does <u>not</u> like.

5 **Traduis les phrases en anglais.**
Translate the sentences into English.

Don't translate the definite article (*le/la/les*) after *aimer*.

1 J'ai onze ans.

2 J'aime <u>le</u> vélo. C'est génial!

3 Je n'aime pas <u>les</u> serpents.

4 J'ai trois sœurs et un frère.

5 Il est <u>assez</u> petit et <u>un peu</u> timide.

Look carefully at the verb form. Does it refer to 'I', 'you', 'he' or 'she'?

Don't forget to translate the qualifiers.

6 **Écris un message à un ami français/une amie française.**
Réponds aux questions.
Write a message to a French friend. Answer the questions.

- Comment t'appelles-tu?
- Quel âge as-tu?
- Tu es comment?
- Tu aimes le sport et la musique?

Write a short paragraph. If you need help, look back through the Pupil Book or your exercise book.

Add interest to your writing by including connectives (**et**, **mais**, **aussi**), and qualifiers (**assez**, **très**, **trop**, **un peu**). Also, give an opinion (**C'est** …).

Je m'… J'ai … Je suis … J'aime / Je n'aime pas …

Écoute le poème. Quel est le sujet?
Listen to the poem. What is it about?

Écouter 2
Écoute encore une fois et lis. Copie et complète le poème.
Listen again and read. Copy and complete the poem.

> You don't need to understand every word. Just try to get the gist. Are there any words you can recognise? What clues do they give you?

Il y a trente jours dans le mois de   **1**
   2   jours en avril,
En   **3**   et en novembre.
Et tous les autres mois
Comptent trente-et-un   **4**   .
Seul   **5**   en a vingt-huit,
Mais pas toujours.
Méfiez-vous,
Mes enfants
De ce mois difficile.
Il compte   **6**   jours
Les années bissextiles.

seul	*only*
une année bissextile	*leap year*

Lire 3
Lis le texte. Copie et complète la carte du jeu d'atouts.
Read the text. Copy and complete the Top Trumps card.

Je m'appelle Astérix. Je suis le héros d'une série de bande dessinée franco-belge. J'ai un très grand ami, Obélix, et il a un petit chien, Idéfix. J'aime la France, surtout mon village, et j'aime la justice mais je n'aime pas les Romains! Je ne suis pas très grand, mais je suis très fort à cause d'une potion magique! Je ne suis pas du tout patient, mais je suis assez intelligent et très amusant.

pas du tout	*not at all*

Nom:		Total des points:
😍 :	la France	
😟 :		
grand(e):		
fort(e):	10	
patient(e):		
intelligent(e):		
amusant(e):		

Aspect physique et caractère	
très ✓✓✓ = 10 points	
assez ✓✓ = 7 points	
pas très ✗ = 5 points	
pas du tout ✗✗ = 2 points	

4 **Choisis une des cartes et écris un texte.**
Choose one of the cards and write a text.

Je m'appelle Wonder Woman. J'aime la justice et ...,
mais ... Je suis assez grande et ...

Nom: Wonder Woman — **Total des points: 36**

😍 : la justice, la liberté
🙁 : la criminalité
grand(e): 7
fort(e): 10
patient(e): 7
intelligent(e): 10
amusant(e): 2

Remember to use the correct form of adjectives (masculine or feminine).

Nom: Le Petit Nicolas — **Total des points: 29**

😍 : les amis, les bonbons
🙁 : le collège
grand(e): 2
fort(e): 5
patient(e): 5
intelligent(e): 7
amusant(e): 10

5 **Fais des recherches en ligne et écris deux cartes.**
Research two cartoon characters online and create two Top Trumps cards.

Try to use language you know. If you need to look up any new words, check carefully that you have chosen the right word.

If you use a new noun after *j'aime* / *je n'aime pas* ..., don't forget the definite article (*le* / *la* / *l'* / *les*). In a dictionary, (m) tells you a noun is masculine and (f) tells you it is feminine.

6 **En tandem. Choisis une des cartes de ton/ta camarade.**
Tu es le personnage – présente ton caractère.
In pairs. Choose one of your partner's cards. You are the character – present your personality.

Exemple: Je m'appelle Thor. J'aime l'univers, surtout la planète Asgard et ... ... Je suis ... ...

7 **Écris un texte pour une de tes cartes.**
Utilise *il/elle*.
Write a text to go with one of your cards.
Use the il/elle *form of the verb.*

Je m'appelle ... ... ➡ Il / Elle **s'appelle** ...
J'aime ... ➡ Il / Elle aime ...
Je suis ... ➡ Il / Elle **est** ...

Grammaire

The indefinite and definite articles
(Unit 2, page 12)

1 Write out the sentences, choosing the correct articles.

  1 J'ai **un** / **une** / **des** sœur et **un** / **une** / **des** demi-frère.

  2 Dans la salle de classe, **le** / **la** / **les** fenêtre est à gauche.

  3 Au centre, il y a **un** / **une** / **des** tables et **un** / **une** / **des** chaises.

  4 Au fond, il y a **un** / **une** / **des** tableau et **un** / **une** / **des** écran.

2 Copy and complete the description of the haunted classroom.

Exemple: **1** Dans la salle de classe hantée il y a <u>un</u> fantôme …

> Dans la salle de classe hantée il y a **1** fantôme.
> **2** fantôme est timide.
>
> Au centre, il y a **3** professeur. Le professeur est méchant!
>
> Il y a une araignée. **4** araignée est très grande!
>
> Il y a aussi un serpent. **5** serpent est dangereux!
>
> Il y a des élèves. **6** élèves sont nerveux! Il y a **7** porte, mais la porte est barrée!

In French, all nouns are either **masculine** or **feminine**. The indefinite article ('a' / 'an') and the definite article ('the') change according to the gender and number (singular / plural) of the noun they come before.

	indefinite article ('a' / 'an')	definite article ('the')
masculine singular	*un poster* (a poster)	*le poster* (the poster)
feminine singular	*une porte* (a door)	*la porte* (the door)
plural	*des chaises* (some chairs)	*les chaises* (the chairs)

 Shorten *le* and *la* to *l'* in front of a vowel or silent *h*.
l'ordinateur (the computer), *l'araignée* (the spider)

Adjectives (Unit 4, page 16)

3 Find <u>nine</u> adjectives in the word snake. Then use the adjectives to describe a friend. Make sure the adjective endings agree.

Exemple:

Mon ami Thomas est assez petit et très …
Il est assez …, mais trop … et un peu …
Mon amie Emma est …

petitgrandamusantintelligentbavardforttimideméchantpatient

Most adjectives <u>agree</u> with the noun they are describing: they change their ending, depending on whether the noun is masculine or feminine.

The most common pattern is to add *–e* in the feminine form.

Il est grand. ➡ *Elle est grande.*
(He is tall.)   (She is tall.)

 If an adjective already ends in –e, the feminine form <u>stays the same</u>.

Il est timide. ➡ *Elle est timide.*
(He is shy.)   (She is shy.)

The verbs *avoir* and *être* (Unit 1, page 11 and Unit 4, page 17)

4 Julie has spilt juice on her verb tables! Can you help her rewrite them? How much can you do from memory?

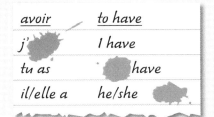

avoir	to have
j'	I have
tu as	have
il/elle a	he/she

être	to be
je	I am
tu es	you
il/elle	he/she is

Two verbs you need to use a lot are **avoir** (to have) and **être** (to be). They are irregular (don't follow a pattern), so learn them by heart.

5 Translate these messages into French.

1
I am 12 years old.
I have one brother.
He is shy.
I don't have any sisters.

 To make a verb negative, use **ne ... pas** to make a 'sandwich' around the verb. Shorten **ne** to **n'** in front of a vowel sound.

*Je **ne** suis **pas** très patient.* (I am not very patient.)
*Je **n'ai pas** de frères.* (I don't have any brothers.)

 Remember to use **avoir** (not **être**) with age!

2
You have one sister.
She is intelligent.
She is not very tall.
She is 8 years old.

Infinitives and –er verbs (Unit 5, page 18)

6 Read the text and find <u>seven</u> verbs in the infinitive. Copy them out and translate them.

Pour moi, le weekend, c'est retrouver mes amis et rigoler! C'est aussi le sport: je joue au foot et je nage. Nager, c'est génial!

Pour ma sœur, le weekend, c'est chanter et danser. Elle danse de la salsa et elle chante du R'n'B.

Pour mon frère, le weekend, c'est tchatter et surfer. Il blogue aussi. Et toi? Tu surfes? Tu blogues?

The infinitive is the form of the verb meaning 'to' do something.

Many infinitives end in **–er** in French: e.g. *jouer* (to play) and *gagner* (to win).

You use the infinitive to form other parts of the verb. Take off *–er* and add these endings:

je jou**e**	I play
tu jou**es**	you (singular) play
il/elle jou**e**	he/she plays

Vocabulaire

Point de départ (pages 8–9)

Bonjour.	*Hello.*	lundi, mardi, mercredi,	*Monday, Tuesday, Wednesday,*
Salut!	*Hi!*	jeudi, vendredi,	*Thursday, Friday,*
Comment t'appelles-tu?	*What's your name?*	samedi, dimanche	*Saturday, Sunday*
Je m'appelle …	*My name is …*	un, deux, trois, quatre, cinq	*1, 2, 3, 4, 5*
Comment ça va? (Ça va?)	*How are you? (Are you OK?)*	six, sept, huit, neuf, dix	*6, 7, 8, 9,10*
Ça va (très) bien.	*I'm (very) well.*	onze, douze, treize	*11, 12, 13*
Pas mal, merci.	*Not bad, thanks.*	quatorze, quinze	*14, 15*
Ça ne va pas!	*Not good!*	seize, dix-sept, dix-huit	*16, 17, 18*
Et toi?	*How about you?*	dix-neuf, vingt	*19, 20*
Au revoir.	*Goodbye.*	vingt-et-un, vingt-deux, (etc.)	*21, 22, (etc.)*
À plus!	*See you later!*	trente, trente-et-un	*30, 31*

Unité 1 (pages 10–11) *As-tu des frères et sœurs?*

As-tu des frères et sœurs?	*Do you have any brothers or sisters?*	(trois) demi-sœurs.	*(three) half-/step-sisters.*
Oui. J'ai …	*Yes, I have …*	Je n'ai pas de frères et sœurs.	*I don't have any brothers or sisters.*
un frère.	*one brother.*	Je suis fils/fille unique.	*I am an only child.*
une sœur.	*one sister.*	Quel âge as-tu?	*How old are you?*
un demi-frère.	*one half-/step-brother.*	J'ai (onze) ans.	*I am (11) years old.*
(deux) frères.	*(two) brothers.*		

Unité 2 (pages 12–13) *Voici ma salle de classe!*

Qu'est-ce qu'il y a sur la photo?	*What is on the picture?*	des tables	*some tables*
		des chaises	*some chairs*
Sur la photo, il y a …	*On the picture, there is/are …*	des élèves	*some pupils*
		au fond/au centre	*at the back/in the middle*
un tableau (noir/blanc)	*a (black/white) board*	à gauche/à droite	*on the left/on the right*
un poster	*a poster*	C'est …	*It's …*
un/une prof (professeur)	*a teacher*	sympa.	*nice.*
un écran	*a screen*	génial.	*great.*
un ordinateur	*a computer*	moderne.	*modern.*
une porte	*a door*	triste.	*sad.*
une fenêtre	*a window*	nul.	*rubbish.*
une tablette	*a tablet*	démodé.	*old-fashioned.*

Unité 3 (pages 14–15) *Tu aimes ça?*

Tu aimes …?	*Do you like …?*	la musique	*music*
J'aime …	*I like …*	les pizzas	*pizzas*
Je n'aime pas …	*I don't like …*	les serpents	*snakes*
le sport	*sport*	les glaces	*ice creams*
le foot	*football*	les jeux vidéo	*video games*
le vélo	*cycling*	les vacances	*holidays*
le collège	*school*	les BD	*comics*
le cinéma	*cinema*	les mangas	*manga*
le poisson	*fish*	les araignées	*spiders*
la danse	*dance*		

Unité 4 (pages 16–17) *Tu es comment?*

Je suis …	I am …	grand(e)	big/tall
Je ne suis pas …	I am not …	intelligent(e)	intelligent
Il est/Elle est …	He is/She is …	méchant(e)	nasty/bad
amusant(e)	funny	patient(e)	patient
arrogant(e)	arrogant	petit(e)	small/short
bavard(e)	talkative/chatty	timide	shy
fort(e)	strong		

Unité 5 (pages 18–19) *Qu'est-ce que tu fais?*

Ma vie, c'est …	My life is …	surfer	to surf/surfing
Pour moi, la rentrée, c'est …	For me, going back to school is …	tchatter	to chat/chatting (online)
chanter	to sing/singing	rigoler	to have/having a laugh
danser	to dance/dancing	étudier	to study/studying
retrouver mes amis	to meet up/meeting up with my friends	nager	to swim/swimming
		jouer	to play/playing
bloguer	to blog/blogging	gagner	to win/winning

Unité 6 (pages 20–21) *Mon interview par vidéo!*

C'est quand, ton anniversaire?	When is your birthday?	janvier, février, mars,	January, February, March
Mon anniversaire, c'est …	My birthday is on …	avril, mai, juin	April, May, June
le (15 mars/24 juin).	the (15th March/24th June).	juillet, août, septembre	July, August, September
le premier	the first	octobre, novembre, décembre	October, November, December

Les mots essentiels *High-frequency words*

mon/ma/mes ....*my*

Pronouns
je ....*I*
tu ....*you*
il ....*he*
elle ....*she*

Articles
un/une/des ....*a(n)/some*
le/la/l'/les ....*the*

Connectives
et ....*and*
mais ....*but*
aussi ....*also*

Qualifiers
assez ....*quite*
très ....*very*
trop ....*too*
un peu ....*a bit*

Stratégie 1

Look, Say, Cover, Write, Check

Use these five steps to learn any new word:

1 **Look** carefully at the word for at least 10 seconds. Think about what it means and look at how it's spelled.
2 **Say** the word out loud to practise pronunciation.
3 **Cover** the word – say it and 'see' it in your mind.
4 **Write** the word from memory and try using it in a sentence.
5 **Check** your word against the original.

Did you get it right? If not, what did you get wrong? Spend time learning that bit of the word. Go through the steps again until you get it right.

Module 2 — En classe

1 C'est quelle personne?

In France, schools often have the name of a famous historical person. Which famous historical person would you name **your** school after?

1 Collège Vincent van Gogh

2 Collège Claude Debussy

3 Collège Marie Curie

4 Collège Jeanne d'Arc

5 Collège Victor Hugo

6 Collège Charles de Gaulle

compositeur

soldat et sainte

ancien président

artiste

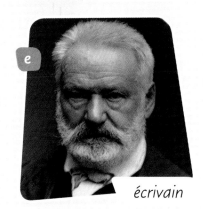

écrivain

scientifique

2 Qu'est-ce que c'est en anglais?

Use your knowledge of **cognates** to work out what school subjects are on this timetable. Can you apply the pronunciation rules you know to read the timetable aloud in French?

8h	9h	10h	10h10	11h20	12h20	13h50	14h50	15h50
sciences	géographie	récréation	maths	théâtre	déjeuner	musique	sport	informatique

What do you think **récréation** and **déjeuner** are?

3 Au collège. En France, en Grande-Bretagne ou les deux?

 1 08:00 Je commence à 8 heures.

 2 Il y a un uniforme scolaire.

 3 Il y a des cours d'éducation religieuse.

 4 mercredi On n'a pas cours le mercredi après-midi.

 5 Il y a une cantine.

 6 Les parents paient l'équipement scolaire.

What do you think about the differences?
Do you prefer the French or the British system?

4 À la cantine! C'est quel plat?

 **1**

 **2**

 **3**

 **4**

 **5**

 **6**

 **7**

 **8**

Menu
du 21 novembre

a — carottes râpées

b — salade au brie et aux raisins

c — ***

filet de poisson sauce à la crème

d — couscous poulet

e — ratatouille

f — haricots verts

***

g — flan à la vanille

h — yaourt nature

Le Petit Nicolas is a popular French children's book: Nicolas and his friends get into all sorts of scrapes at school, driving their primary school teacher, *la maîtresse*, quite mad!

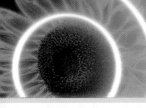

Point de départ

- Talking about colours
- Telling the time

Parler

1 Lis les couleurs à haute voix.

violet

blanc

noir

orange

rose

jaune

rouge

gris

bleu

marron

vert

Do you remember how to pronounce these sounds?

i   *au*   *eu*   *oi*

on (as in *marron*) and **an** (as in *orange*) are nasal sounds, similar to **en** in *serpent*.

Écouter

2 Écoute et note la bonne couleur. (1–11)

Écouter

3 Écoute et écris la bonne lettre. (1–8)

Ici il y a …	Here there is …
du (violet)	some (purple)
un cercle	a circle
un demi-cercle	a semi-circle
un triangle	a triangle
en bas	at the bottom
au centre	at the centre
à droite	to the right
à gauche	to the left

Écouter

4 Écoute et lis le poème. Traduis en anglais les mots en couleur.

Lundi, c'est **noir** comme **le charbon**
Mardi, c'est **bleu** comme **l'océan**
Mercredi, c'est **rose** comme **une fleur**
Jeudi, c'est **orange** comme **une carotte**
Vendredi, c'est **vert** comme **un sapin**
Samedi, c'est **rouge** comme **une cerise**
Dimanche, c'est **jaune** comme **le soleil**

When you meet a new word, don't automatically think you need to look it up. First of all, use your knowledge. The <u>context</u> and <u>what the word looks like</u> can often help you work out its meaning. If you're still unsure, use a dictionary to help you.

comme *like*

Écrire

5 Écris ton propre poème. Change les couleurs et les noms.

Use a dictionary to find different nouns. Check if the noun is masculine (*nm*) or feminine (*nf*).

	the	a
masculine	*le*	*un*
feminine	*la*	*une*

6 Associe les phrases et les images.

1 Il est cinq heures.
2 Il est cinq heures **dix**.
3 Il est cinq heures **vingt**.
4 Il est cinq heures **et quart**.
5 Il est cinq heures **et demie**.
6 Il est cinq heures **moins dix**.
7 Il est cinq heures **moins vingt**.
8 Il est cinq heures **moins le quart**.
9 Il est **midi / minuit**.

 7 Écoute et note la bonne lettre. (1–8) Quelle heure est-il?

 8 En tandem. Demande et identifie l'heure de l'exercice 7.
In pairs. Ask and identify the time from exercise 7.

- *Quelle heure est-il?*
- *Il est onze heures et quart.*
- *C'est 'd'!*

 9 Écris les heures de l'exercice 7.

a) Il est sept heures et demie.

Quelle heure est-il?	What time is it?
Il est neuf heures.	It is nine o'clock.
à neuf heures	at nine o'clock

Make sure you pronounce **heure(s)** correctly.

h at the start of a word is usually silent so you don't pronounce it.
Remember, **–s** on the end of a word is silent too.

Qu'est-ce que tu penses de tes matières?

- Saying what you think of your school subjects and why
- Talking about likes and dislikes using *–er* verbs

1 Écoute et note la bonne matière. (1–12)

Les matières

- a le français
- b le théâtre
- c la géographie
- d la technologie
- e la musique
- f l'anglais
- g l'EPS
- h l'informatique
- i l'histoire
- j les maths
- k les sciences
- l les arts plastiques

2 Écoute encore une fois et note si l'opinion est positive (P) ou négative (N). (1–12)

3 In pairs. Ask questions about the subjects in exercise 1, then answer. Truth or lie? Your partner has to guess!

aimer, *adorer* and *détester* are *–er* verbs.	
Tu aim**es** …?	Do you like …?
Oui, …	Yes, …
*j'ador**e** …*	I love …
*j'aim**e** …*	I like …
*j'aim**e** assez …*	I quite like …
Non, …	No, …
*je n'aim**e** pas …*	I **don't** like …
*je détest**e** …*	I hate …

La vérité

- *Tu aimes le français?*
- *Oui, j'adore le français.*
- *C'est la vérité!*
- *Oui.*

Un mensonge

- *Tu aimes le théâtre?*
- *Non, je n'aime pas le théâtre.*
- *C'est la vérité!*
- *Non, c'est un mensonge.*

aime and *aimes* both sound like *em*.
Practise saying *j'aime* and *tu aimes* correctly.

4 **Écoute et note les bonnes lettres. (1–4)**

Exemple: **1** b, i

a C'est facile.

b C'est difficile.

c C'est intéressant.

d C'est ennuyeux.

e C'est amusant.

f C'est créatif.

g C'est nul.

h Le / La prof est sympa.

i Le / La prof est trop sévère.

 5 **Lis l'article. Complète les phrases en anglais.**

Sondage

Qu'est-ce que tu penses de tes matières scolaires?

Moi perso, je déteste la technologie parce que c'est ennuyeux. Mais j'aime assez le français parce que c'est vraiment amusant. **Hugo**

J'aime le théâtre, c'est ma matière préférée parce que c'est créatif. Mais l'histoire, c'est nul parce que le prof est trop sévère et parce que j'ai trop de devoirs. **Aymeric**

Personnellement, j'adore l'anglais parce que c'est facile. Mais je n'aime pas l'informatique parce que c'est difficile. **Aya**

vraiment	really
ma matière préférée	my favourite subject
trop de devoirs	too much homework

1 Aya loves   .
2 Aya thinks ICT is   .
3 Hugo   design and technology.
4 Hugo thinks French is   .
5 Aymeric thinks   is creative.
6 In history, Aymeric has too much   .

Use ***parce que*** (because) to give reasons for your opinions.

*J'aime les sciences **parce que** le prof est sympa.*
I like science **because** the teacher is nice.

 6 **Écris tes opinions sur tes matières scolaires.**

Moi perso, j'aime l'EPS parce que c'est très amusant mais je n'aime pas l'anglais parce que le prof est trop sévère.

When you are giving opinions:

* join your sentences using ***et***, ***mais*** and ***parce que***
* use qualifiers such as ***très*** (very), ***vraiment*** (really) and ***trop*** (too) before adjectives
* start your sentences with ***Personnellement*** … or ***Moi perso*** … (Personally …).

2 Qu'est-ce que tu portes?

- Talking about what you wear to school
- Using adjectives after nouns

1 Écoute et regarde les photos. Écris E (Emily) ou A (Amandine). (1–12)

Exemple: **1** E

Emily
Coucou! Je porte mon uniforme scolaire. Dans mon collège on porte …

Amandine
Waouh! En France, on ne porte pas d'uniforme scolaire. Je porte …

une chemise blanche

une veste bleue

un tee-shirt gris

une cravate bleue et jaune

un sweat violet

une jupe grise

un pantalon noir

des chaussettes blanches

des baskets blanches

des chaussures noires

On often means 'we'. *On* takes the same verb form as *il/elle*.

***On** port**e** un pantalon bleu.*
We wear / are wearing blue trousers.

2 Traduis les phrases en français.

Exemple: **1** Je porte une veste noire …

1 I wear a black blazer and a white shirt.
2 I wear a grey skirt, a pink polo shirt and white trainers.
3 We wear black trousers, a red jumper and a red and black tie.
4 We wear grey trousers, a blue sweatshirt, black socks and black shoes.

un polo	*a polo shirt*
un pull	*a jumper*

G

Most adjectives, including colours, come after the noun. The adjective must agree with the noun.

masculine singular	*un pull vert*
feminine singular	*une jupe verte*
masculine plural	*des polos verts*
feminine plural	*des chaussures vertes*

blanc is irregular:
un pull blanc / une jupe blanche

Page 52

3 Écoute et lis. Remplis le tableau. L'opinion est positive (P) ou négative (N)? (1–2) Que signifient les mots soulignés?

	Clothes	Opinion: P/N
1	blue jeans, ...	

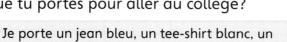

Qu'est-ce que tu portes pour aller au collège?

1	**SammySou**	Je porte un jean bleu, un tee-shirt blanc, un pull vert et des baskets. Je pense que c'est <u>facile</u>, <u>confortable</u> et <u>pratique</u>.
2	**Alice459**	Dans mon collège, on porte un sweat violet, un polo rose, une jupe noire et des chaussures noires. Je déteste l'uniforme. Ce n'est pas <u>chic</u>. C'est <u>démodé</u> et <u>ennuyeux</u>.

In English, 'trousers' and 'jeans' are plural but in French they are singular: **un** *pantalon* and **un** *jean*.

4 Regarde la photo et réponds aux questions. Puis écoute et compare tes réponses. (1–3)

1 Qu'est-ce qu'il y a sur la photo?
2 Qu'est-ce qu'il / elle porte?
3 Qu'est-ce que tu penses de l'uniforme?

Sur la photo il y a un garçon / une fille. Il / Elle porte …

un	pantalon / pull / sweat / polo	noir / bleu / vert / gris / blanc / violet / rouge / rose / jaune
une	jupe / veste / chemise / cravate	noir**e** / bleu**e** / vert**e** / gri**se** / blan**che** / violet**te** / rouge / rose / jaune
des	chaussettes / chaussures / baskets	noir**es** / bleu**es** / vert**es** / gri**ses** / blan**ches** / violet**tes** / rouge**s** / rose**s** / jaune**s**

Je pense que c'est chic / confortable / pratique / facile / démodé / ennuyeux.

5 En tandem. Regarde les photos et réponds aux questions de l'exercice 4 pour chaque photo.

- *Qu'est-ce qu'il y a sur la photo?*
- *Sur la photo il y a (une fille).*

Remember, **–s** at the end of words is silent, so **noir** and **noirs** both sound the same.

The colours **vert** and **gris** sound different in the feminine form.

un polo vert ➡ *une jupe verte*
un polo gris ➡ *une jupe grise*

un chapeau	*a hat*
une robe	*a dress / gown*
un short	*shorts*
un foulard de tête	*a head scarf*
des tongs	*flip-flops*

Écouter 1 Écoute, regarde les images et lis les phrases. Que signifient les mots soulignés?

Ma journée en BD

1 Je <u>quitte</u> la maison à sept heures et demie.

2 J'<u>arrive</u> au collège à huit heures moins le quart.

3 Je <u>retrouve</u> mes copains.

4 On <u>commence</u> les cours à huit heures.

5 À midi, je <u>mange</u> à la cantine.

6 Après, je <u>chante</u> dans la chorale ou je <u>joue</u> dehors.

7 On <u>recommence</u> les cours à deux heures.

8 Je <u>rentre</u> à la maison à cinq heures et quart.

Parler 2 En groupe. Adaptez les phrases de l'exercice 1 pour vous.

- Je quitte la maison à (huit heures et quart).
- J'arrive au collège à (neuf heures moins le quart).
- Je retrouve mes copains.
- …

In France, friends often greet each other with a kiss on the cheek (*une bise*) when they meet. The number of kisses depends on where you live in France. Sometimes friends shake hands instead.

Lire 3 Re-read the sentences in exercise 1. Look at the verbs. Can you work out the infinitives in French and match them to the English infinitives below?

Example: je quitte – quitter – to leave

to leave   to go home   to sing

to eat   to start again   to meet

to start   to arrive   to play

G The new –er verbs used in exercise 1 all follow the same pattern.

In the present tense, take –er off the infinitive and add these endings:

chanter	**to sing**
je chant**e**	I sing
tu chant**es**	you sing
il/elle/on chant**e**	he/she sings / we sing
nous chant**ons**	we sing
vous chant**ez**	you (plural or formal) sing
ils/elles chant**ent**	they sing

Je chante means 'I **sing**' or 'I **am singing**'.

Page 53

4 Écoute et note la question en anglais. (1–4)
Exemple: **1** At what time do you leave home?

5 Écoute et note la réponse. (1–4)
Exemple: **1** I leave home at …

Two useful questions are:

*Tu … **à quelle heure**?*
At what time do you …?

Qu'est-ce que tu …?
What do you …?

6 En tandem. Fais un dialogue. Utilise d'abord les images, puis réponds pour toi.

- *Tu quittes la maison à quelle heure?*

- *Tu arrives au collège à quelle heure?*

- *Qu'est-ce que tu fais à midi?*

- *Tu rentres à la maison à quelle heure?*

Listen to the question – it can help you start your answer.
***Tu quittes** la maison à quelle heure?*

You hear **quitter** used with **tu**. In your answer, use **quitter**, but with **je**.
***Je quitte** la maison à …*

Zoé

7 Lis le texte et prends des notes en anglais.

French schools usually have lunch at midday. You can use ***à midi*** to mean 'at lunchtime', even if your lunch hour isn't at 12.00.

à la récréation	at break
discuter	to discuss / chat

Ma journée scolaire est comment?
D'abord, je quitte la maison à sept heures et demie et je retrouve ma copine, Lola.

On arrive au collège à huit heures moins vingt et puis on commence les cours à huit heures moins le quart.

À la récréation, je discute avec mes copains.

À midi, je ne mange pas à la cantine: je rentre à la maison. Après, on recommence les cours à deux heures dix.

Ensuite, à quatre heures dix, je joue au volley. Mais le mardi, je joue dans l'orchestre.

8 Ta journée scolaire est comment? Écris des phrases, puis dessine une petite BD ou fais des selfies pour illustrer les phrases.

Extend your writing by including expressions of time (sequencers):

d'abord	first of all
ensuite / puis	then
après	afterwards

4 C'est comment, un collège français?

• Learning about a typical French school
• Reading and listening for gist

Bienvenue dans le collège Jacques Prévert

A Les vacances

1er septembre:	rentrée scolaire
20–31 octobre:	vacances d'automne
20 décembre–3 janvier:	vacances de Noël
11–26 février:	vacances d'hiver
8–23 avril:	vacances de printemps
8 juillet:............................	vacances d'été

B Le restaurant du collège

Menu du jour

ENTRÉES
salade verte • crudités • melon

PLAT PRINCIPAL
lapin • omelette
frites • haricots verts

DESSERTS
fromage • tartelettes • fruit

C FLASH de classe 6ème B

Quel est ton jour préféré?

Maciej
Moi perso, j'adore le jeudi parce que j'ai deux heures d'anglais. L'anglais, c'est ma matière préférée parce que j'aime la musique américaine.

Charlène
Mon jour préféré, c'est le vendredi. J'ai maths et puis informatique. Je suis forte en maths et je pense que l'informatique, c'est top.

D Emploi du temps 6ème B

	LUNDI
8h	sciences
9h	anglais
10h	récréation
10h15	anglais
11h15	maths
12h15	déjeuner
13h30	technologie
14h30	français
15h30	EPS
16h30	EPS

1 **Trouve les trois infos qui ne sont pas sur la page web.**
Find the three things which are not on the web page.

a canteen menu
b school rules
c job vacancies
d term dates
e one class's favourite days
f timings of the school day
g uniform information

You don't always need to understand every word in a text. The first step is reading a text and understanding roughly what it is about. This is called reading for gist.

2 Relis la page web. Corrige les erreurs soulignées.

1 La rentrée scolaire, c'est le 1er octobre.
2 Les vacances de Noël commencent le 8 juillet.
3 À la cantine, il y a du poulet ou une omelette.
4 Comme dessert, il y a du fromage, des biscuits ou un fruit.
5 Charlène adore le mercredi.
6 Maciej aime la danse américaine.
7 Au collège Jacques Prévert les cours commencent à neuf heures.
8 Lundi à une heure et demie, la classe de 6ème B a maths.

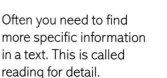 Often you need to find more specific information in a text. This is called reading for detail.

 3 Complète la traduction des opinions de Charlène.

My favourite **1** is Friday. I have maths and then **2** . I am **3** at maths and I **4** that ICT is brilliant.
Charlène

When you are translating, remember that the words in French might be in a different order than in English: e.g. *ma matière préférée* ➡ my favourite subject.

 4 Traduis le texte de Maciej en anglais.

5 Écoute et note le thème de la conversation. (1–8)

  a les vacances   **b** la cantine

      c le jour préféré   **d** l'emploi du temps

Listening uses similar skills to reading but can feel more challenging as you can't see the words, and often even similar words sound a bit different in French and English. First listen for gist (exercise 5). Then listen for the words that helped you (exercise 6). Don't worry about noting down the words perfectly.

 6 Écoute encore une fois. Note les mots clés qui t'aident à comprendre les conversations. (1–8)
Listen again. Note the key words which help you understand each conversation.

***Exemple:* 1** *aimes, mardi, …*

 7 En groupe. Adaptez la page web (page 42) pour votre collège.

Un collège super cool!

1 Écoute les descriptions d'un collège super cool et choisis les bons mots. (1–3)

Exemple: **1** 1 b, 2 b, 3…

		a	b	c
1	Le collège est …	grand	petit	de taille moyenne
2	On étudie …	le japonais	la cuisine	les arts martiaux
3	Il y a …	un cinéma en 3D	une piscine	des courts de tennis
4	Il n'y a pas de …	harcèlement	toilettes sales	profs trop sévères
5	On porte …	un jean et un tee-shirt	un pantalon et un sweat	un uniforme scolaire

il y a means 'there is' or 'there are'.

To say 'there isn't' or 'there aren't any', use *il n'y a pas de/d'*.

2 Écoute et note: ils sont d'accord (✓) ou pas d'accord (✗)? (1–5)
Listen and note if they agree (✓) or disagree (✗).

3 En tandem. Utilise le tableau de l'exercice 1 et note les caractéristiques de ton collège super cool. Puis discute tes idées.

- *Le collège est <u>grand</u>. Tu es d'accord?*
- *Oui, je suis d'accord! /*
  Non, je ne suis pas d'accord! Le collège est <u>petit</u>.

Tu es d'accord?	Do you agree?
Je suis d'accord!	I agree!
Je ne suis pas d'accord!	I don't agree!

4 Lis la chanson à haute voix.
Remplace les images par des mots.

Il y a un joli jacuzzi,

Il y a une pente pour faire du ,

On a tous des  wifi.

Il est cool, ce collège formidable!

J'adore l' 🇬🇧 et la géo,

J'adore les jeux sous le préau,

J'adore mon jean et mon .

Il est cool, ce collège formidable!

Il n'y a pas de trop grincheux,

Il n'y a pas de cours ,

Il n'y a pas d'élèves paresseux.

Il est cool, ce formidable!

sous le préau	*under the covered courtyard*

5   Écoute et vérifie.

6   Lis le texte et trouve les phrases en français.

Compétition: Imagine que tu es un(e) élève à ton collège super cool!

Mon collège super cool s'appelle le collège Wenger et il est énorme.

Il y a 2 000 élèves et 150 professeurs.

On étudie l'espagnol, le japonais et le mandarin. C'est super parce que j'adore les langues. On étudie aussi le chant et le skate.

Il y a cinq terrains de foot et trois terrains de rugby. Il n'y a pas de devoirs. On porte un tee-shirt et un jean ou un short.

On commence les cours à dix heures et demie et on rentre à la maison à une heure.

C'est super cool!
Tu es d'accord?

1   it is huge
2   there are 2,000 pupils
3   we study Spanish
4   we also study singing
5   there are five football pitches
6   There is no homework.

7   Relis le texte et réponds aux questions en français.

1   Comment s'appelle le collège super cool?
2   Il y a combien d'élèves et de profs?
3   Qu'est-ce qu'on étudie?
4   Qu'est-ce qu'il y a dans le collège?
5   Qu'est-ce qu'il n'y a pas dans le collège?
6   Qu'est-ce qu'on porte?
7   On commence les cours à quelle heure?
8   On rentre à la maison à quelle heure?

combien? how many? / how much?
When followed by a noun, **de** or **d'** is used.

*Il y a combien **de** profs?*
How many teachers are there?

*Il y a combien **d'**élèves?*
How many pupils are there?

Page 53

8   Utilise les questions de l'exercice 7 pour écrire une description de ton collège super cool.

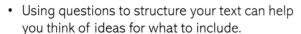
Mon collège super cool s'appelle ...

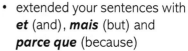

Ask your partner to read your description to check if you have:

• extended your sentences with **et** (and), **mais** (but) and **parce que** (because)
• included opinions (using verbs such as **j'adore** and adjectives such as **c'est cool!**)
• used **il y a** ... and **il n'y a pas de** ...
• spelled words accurately.

• Using questions to structure your text can help you think of ideas for what to include.
• Texts are a good source of language to help with your own writing. If you are stuck, you can look at the text in exercise 6.
• Try to find some extra ideas of your own. For example, look at the song in exercise 4 or use your imagination.

Bilan

P

I can ...
- say and recognise colours: .... *bleu, vert, rouge*
- ask what time it is: .... *Quelle heure est-il?*
- say what time it is: .... *Il est quatre heures et demie.*

1

I can ...
- talk about school subjects: .... *J'aime l'histoire. Je n'aime pas les maths.*
- use *parce que* to give reasons: .... *Je déteste l'EPS parce que c'est ennuyeux.*
- use *–er* verbs to talk about likes and dislikes: .... *J'**adore** l'anglais. Tu **aimes** le théâtre?*

2

I can ...
- say what I wear to school: .... *Je porte un pull / une veste / des chaussures.*
- describe a photo: .... *Sur la photo il y a un garçon / une fille.*
- use adjectives after nouns: .... *un sweat noir, une jupe grise*

3

I can ...
- say what I do each day and at what time: .... *Je quitte la maison à huit heures et demie.*
- ask and answer questions using *à quelle heure?*: .... *Tu arrives au collège à **quelle heure**?*
  and *qu'est-ce que* ...?: .... *Qu'est-ce que tu fais à midi?*
- use some more *–er verbs*: .... *je **mange**, je **chante**, tu **rentres***

4

I can ...
- understand information about a French school: .... *vacances de Noël, emploi du temps*
- read and listen for gist

5

I can ...
- agree and disagree with people: .... *je suis d'accord, je ne suis pas d'accord*
- use *il n'y a pas de* ... correctly: .... *Il n'y a pas d'uniforme scolaire.*
- ask and answer questions using *combien?*: .... *Il y a **combien** d'élèves?*
- write a short text about a school: .... *Le collège est ... On étudie ... Il y a ...*
  Il n'y a pas de ... On porte ...

Révisions

1 In pairs. Take turns to list as many school subjects as you can in 30 seconds. See who can list the most. Check your answers in the *Vocabulaire* on page 54.

2 Write down at least <u>six</u> items of clothing. Can you remember the gender as well? Check your list by looking at the *Vocabulaire* on page 54.

3 Put these times in order, starting with the <u>earliest</u>.

| six heures et demie | six heures et quart | six heures dix | six heures moins le quart | six heures |

4 In pairs. Take turns to complete these two sentences in as many different ways as you can.

   a *J'aime l'histoire parce que …*   **b** *Je n'aime pas la géographie parce que …*

5 Your friend messages you about what he wears to school. Translate what he says then write your own message about what you wear.

   > Je porte un jean noir, une chemise bleue, des baskets blanches et des chaussettes noires.

6 Write down at least <u>eight</u> –er verbs with *je* (e.g. *je chante*). If you need help, look at the *Vocabulaire* on pages 54–55.

7 What is your friend asking you? How would you answer their questions?

   a Il y a combien de profs dans ton collège?   **b** Tu arrives au collège à quelle heure?   **c** Qu'est-ce que tu fais après le collège?

8 Is the <u>gist</u> of your friend's message about school <u>positive</u> or <u>negative</u>? Which words help you decide? Write a reply to the message.

   > Je n'aime pas mes profs, les cours sont ennuyeux et difficiles et la cantine est nulle. Tu es d'accord?

9 *Parler* and *écouter* are –er verbs used on almost every page of this book. Write the following forms of these two verbs in French.

   | I speak / you speak / he speaks / we speak | | I listen / you listen / she listens / we listen |

En focus

1 Écoute et complète le tableau en anglais. (1–4)

2 Écoute et choisis le bon thème. (1–6)

	😀	reason	😟	reason
1	geography	fun		

a la cantine

b la récréation

c mes matières

d mon jour préféré

Sometimes, in activities like this, not all the options are used. This makes the task trickier!

e l'uniforme scolaire

f mes profs

g ma routine

h les vacances

3 En tandem. Jeu de rôle. Lis la conversation à haute voix. Puis répète la conversation, mais change les détails soulignés.

Tu discutes du collège avec ton copain/ta copine français(e).

- *Tu quittes la maison à quelle heure?*
  - *Je quitte la maison à sept heures dix.*
- *Tu arrives au collège à quelle heure?*
  - *J'arrive au collège à sept heures et demie.*
- *Qu'est-ce que tu aimes au collège?*
  - *J'aime l'anglais parce que c'est intéressant.*
- *Qu'est-ce que tu n'aimes pas?*
  - *Je n'aime pas les sciences parce que le prof est trop sévère.*
- *Qu'est-ce que tu fais à midi?*
  - *À midi, je joue dans l'orchestre.*

In a role play there is always a scenario, which sets the scene. What are you talking about in the scenario in exercise 3? Who are you talking to?

4 Description d'une photo. Regarde la photo et prépare tes réponses aux questions. Puis écoute et réponds.

- Qu'est-ce qu'il y a sur la photo?
  Sur la photo, il y a …
- Qu'est-ce que tu portes pour aller au collège?
  Je porte …
- Qu'est-ce que tu penses de l'uniforme scolaire? Pourquoi?
  J'adore / Je déteste l'uniforme scolaire parce que …

5 Lis l'extrait et réponds aux questions en anglais.

1 What is the gist of the text? Choose the most suitable title.
  a What I think of wizards
  b Harry Potter-themed lessons at my school
  c A description of Hogwarts

2 What is the name of Léo's school?

3 Which subject teachers had the idea for this project?

4 In which subject did they …
  a prepare identity cards?
  b write wizard's letters?
  c play Quidditch?

5 Which clothing item did the class wear?

> Salut! Je m'appelle Léo, je suis au collège Daniel Argote, et je suis un sorcier… enfin presque! Mes profs de français et d'anglais ont eu l'idée de nous faire travailler autour du thème de Harry Potter. On a préparé une carte d'identité en anglais, des lettres de sorcier en français et on a joué au Quidditch en sport. Toute la classe portait la cravate du sorcier!

un sorcier   a wizard

Don't panic: this text is harder than the texts you have read until now because it is aimed at French teenagers. Don't let that put you off though: just see how much you are able to understand. The key is to read the text first for gist and then to use the questions to help you make sense of it.

6 Traduis les phrases en français.

Include the correct definite article (*le, la, l', les*) before each subject.

1 I love <u>history</u> but I hate <u>maths</u>.

'at' is *à*.
2 I leave the house <u>at</u> half past eight.

3 <u>There are</u> 50 teachers and 340 pupils.

4 We wear <u>black trousers</u>, a <u>white shirt</u> and a <u>blue jumper</u>.

Colours come <u>after</u> nouns, and <u>agree</u> with them.

5 My favourite day is <u>Wednesday</u> because I have art.

'There is' and 'there are' are the same expression in French.

Remember to use *le* before the word for Wednesday.

7 Écris un blog sur ton collège. Réponds aux questions.

1 Qu'est-ce que tu penses de tes matières?
2 Qu'est-ce que tu portes pour aller au collège?
3 Elle est comment, ta journée scolaire?

Use the three questions to help structure your answer. Aim to write a couple of sentences for each question. If you need help, look back through Module 2 and at the vocabulary on pages 54–55.

Noël traditionnel en France

Écouter 1 Écoute et identifie la bonne image. (1–7)

a le sapin de Noël

b le père Noël

c la dinde

d la messe

e les huîtres

f les cadeaux

g la bûche de Noël

Lire 2 Lis les textes et identifie la bonne personne.

C'est comment, Noël chez toi?

J'adore Noël. Ma famille a un grand sapin de Noël. Le 24 décembre, le père Noël arrive avec des cadeaux. L'après-midi, il y a une messe. On mange des huîtres et de la dinde. Le dessert, c'est une bûche de Noël. **Charlie**

En Martinique, à Noël, on décore les palmiers. C'est amusant. On chante et on mange beaucoup. Le dessert, c'est une bûche de Noël à la crème de noix de coco. **Sam**

Ma famille est d'origine tunisienne. On ne fête pas Noël mais j'adore les vacances: génial! Je suis musulmane et la grande fête, c'est l'Aïd. On retrouve la famille. Il y a des cadeaux et on mange un grand couscous. **Amira**

Who ...

1 lives on the island of Martinique?
2 celebrates Eid instead of Christmas?
3 gets presents on Christmas Eve?
4 eats oysters and turkey?
5 decorates palm trees?
6 meets up with family?
7 attends a religious ceremony?
8 eats a coconut-flavoured Christmas log?

Écrire 3 Relis les textes et trouve les phrases en français.

1 I love Christmas.
2 We don't celebrate Christmas.
3 My family has a big Christmas tree.
4 We sing and eat a lot.
5 Father Christmas arrives with presents.
6 We meet up with family.

4 Associe les photos et les ingrédients.

UNE RECETTE DE BÛCHE DE NOËL

Ingrédients

a 100 g de chocolat noir
b 1 cuillerée d'eau
c 150 g de beurre
d 200 g de sucre glace
e 1 gâteau roulé

1
2
3
4
5

5 Lis la recette. Puis copie et complète la traduction.

1 Faire fondre le **chocolat** au **micro-onde** avec 1 cuillerée à soupe d'**eau**.

2 Battre le **beurre** en crème.

3 Incorporer peu à peu le **sucre glace**, puis le **chocolat** fondu.

4 Si la crème est **trop** liquide, mettez-la au **réfrigérateur** pendant ½ heure.

5 **Décorer** le gâteau roulé avec la **crème**.

1 Melt the   **a**   in the   **b**   with a tablespoonful of   **c** .

2 Beat the   **d**   until it is creamy.

3 Add in the   **e**   little by little, then the melted   **f** .

4 If the cream is   **g**   runny, put it in the   **h**   for half an hour.

5   **i**   the Swiss roll with the   **j** .

In France, people make their own Swiss roll cake for their Christmas log. Why don't you try to make this easier version of a *bûche de Noël* at home?

6 Écoute, lis et chante!

Vive le vent

Vive le vent,
Vive le vent,
Vive le vent d'hiver,
Qui s'en va sifflant, soufflant
Dans les grands sapins verts,
Oh!

Vive le temps,
Vive le temps,
Vive le temps d'hiver;
Boule de neige et jour de l'An
Et bonne année grand-mère!

There are lots of well-known French Christmas songs. This one is very popular and you will probably recognise the tune!

Grammaire

Likes and dislikes (Unit 1, page 36)

1 Copy out the phrases, adding the correct verb ending each time.

1 j'aim
2 elle ador
3 je détest
4 tu aim

5 il n'aim   pas
6 nous ador
7 ils aim
8 vous détest

2 Copy and complete the sentences.

1 I like geography. *J'aime   géographie.*
2 We love French. *Nous aimons   français.*
3 She likes English.   *aime l'anglais.*
4 I quite like maths. *J'aime assez   maths.*
5 I love sciences. *J'   les sciences.*
6 He hates history. *Il déteste   'histoire.*

> *aimer* (to like), *adorer* (to love) and *détester* (to hate) are all –er verbs.
>
> To conjugate these verbs, take off the –er and add the correct ending.
>
> *ador**er*** ➡ *ador~~er~~*
>
> | | |
> |---|---|
> | *j'adore* | *nous ador**ons*** |
> | *tu ador**es*** | *vous ador**ez*** |
> | *il/elle/on adore* | *ils/elles ador**ent*** |
>
> 💡 *je* shortens to *j'* before a vowel or letter *h*, so 'I like' is *j'aime*.
>
> 💡 You need to use the definite article ('the') before nouns when talking about likes/dislikes.
> I like French.   *J'aime **le** français.*

Adjectives (Unit 2, page 38)

Position of adjectives

3 Put the words in the correct order to describe each picture.

1 a green ball   vert | ballon | un

2 a brainy teacher (f)   intelligente | une | prof

3 a big lion   lion | grand | un

4 red flowers   des | rouges | fleurs

> Most adjectives come **after** the noun.
>
> *une robe **bleue***   a blue dress
> *un garçon **stupide***   a silly boy
>
> A few common adjectives come **before** the noun, such as:
>
> *grand* (big)   *petit* (small)

Adjectival agreement

4 Choose the correct form of the adjective to agree with the noun.

1 Je porte un pull **vert** / **verte**.
2 Elle porte une jupe **bleu** / **bleue**.
3 Tu portes des baskets **orange** / **oranges**?
4 J'adore les vestes **noire** / **noires**.
5 Je porte un pantalon **marron** / **marrons**.
6 J'ai des chaussures **blanc** / **blanches**.
7 J'ai une copine **créatif** / **créative**.
8 Le prof est **ennuyeux** / **ennuyeuse**.

> Adjective endings must <u>agree</u> with the noun they describe.
>
> | masculine singular | *un pantalon bleu* |
> |---|---|
> | feminine singular | *une chemise bleu**e*** |
> | masculine plural | *des pulls bleu**s*** |
> | feminine plural | *des chaussettes bleu**es*** |
>
> 💡 If an adjective already ends in **–e**, the feminine form <u>stays the same</u>.
> *un pull **rouge**   une jupe **rouge***
>
> 💡 Some adjectives <u>don't change</u>: e.g. *marron, orange*.
>
> 💡 Some adjectives are <u>irregular</u>: e.g. *blanc/blan**che**, violet/viole**tte**, créatif/créati**ve**, ennuyeux/ennuyeu**se**, sportif/sporti**ve**.*

The present tense (Unit 3, page 40)

5 Write out all the *–er* verb infinitives you can find in this word snake.

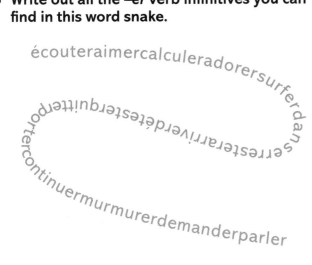

You use the present tense to talk about what <u>usually</u> happens, or what is happening <u>now</u>.

In English, there are two forms of the present tense.

At weekends, **I wear** jeans. /
Today **I am wearing** my uniform.

In French, there is only one present tense:
*je port**e*** means 'I wear' <u>or</u> 'I am wearing'.

To make the present tense form of a verb, you need to <u>conjugate</u> it, i.e. <u>change the infinitive</u>.

Lots of verbs have an infinitive which ends in *–er*: they are called '*–er* verbs'.

Other *–er* verbs are conjugated in the same way as the verb ***adorer*** (see page 52).

6 Write out the message. Conjugate the verbs in brackets.

Le lundi, je *(quitter)* la maison à 6h45 et je *(monter)* dans le bus. Dans le bus, je *(retrouver)* mes copains et on *(surfer)* sur Internet ou on *(regarder)* des vidéos. À 7h30 le bus *(arriver)* au collège et les cours *(commencer)* à 8h. J'*(adorer)* le collège mais je *(détester)* les sciences. À la récré, nous *(jouer)* au football et nous *(discuter)* ensemble. Et toi, tu *(aimer)* le collège?

Asking questions: *Combien?* (Unit 5, page 45)

7 Write down a number to answer each question.

   1 Il y a combien d'élèves dans ta classe de français?
   2 Il y a combien de mètres dans un kilomètre?
   3 Il y a combien de personnes dans une équipe de rugby?
   4 Il y a combien de planètes dans le système solaire?
   5 Il y a combien de cercles sur le drapeau olympique?

Combien? means 'how many?' / 'how much?'.
When followed by a noun, *de* or *d'* is used.

*Il y a combien **de** profs?*
How many teachers are there?

*Il y a combien **d'**élèves?*
How many pupils are there?

8 Write five more quiz questions, using the information given. Then try to answer them!

***Example:* 1** Il y a combien de profs dans ton collège?

   1 profs / ton collège
   2 grammes / un kilogramme
   3 personnes / une équipe de basket
   4 éléments / le tableau périodique
   5 sports / un décathlon

Vocabulaire

Ici il y a …	*Here there is …*	en bas	*at the bottom*
un cercle	*a circle*	au centre	*at the centre*
un demi-cercle	*a semi-circle*	à droite	*to the right*
un triangle	*a triangle*	à gauche	*to the left*
blanc(he)	*white*	Quelle heure est-il?	*What time is it?*
bleu(e)	*blue*	Il est …	*It is …*
gris(e)	*grey*	cinq heures	*five o'clock*
jaune	*yellow*	cinq heures dix/vingt	*ten/twenty past five*
marron	*brown*	cinq heures et quart	*quarter past five*
noir(e)	*black*	cinq heures et demie	*half past five*
orange	*orange*	cinq heures moins dix/vingt	*ten/twenty to five*
rose	*pink*	cinq heures moins le quart	*quarter to five*
rouge	*red*	midi/minuit	*midday/midnight*
vert(e)	*green*		
violet(te)	*purple*		

Unité 1 (pages 36–37) *Qu'est-ce que tu penses de tes matières?*

Qu'est-ce que tu penses de tes matières?	*What do you think of your subjects?*	Tu aimes … ?	*Do you like …?*
le français	*French*	j'adore …	*I love …*
le théâtre	*drama*	j'aime …	*I like …*
la géographie	*geography*	j'aime assez …	*I quite like …*
la musique	*music*	je n'aime pas …	*I don't like …*
la technologie	*technology*	je déteste …	*I hate …*
l'anglais	*English*	C'est …	*It's …*
l'EPS	*P.E.*	facile.	*easy.*
l'histoire	*history*	difficile.	*difficult/hard.*
l'informatique	*I.C.T.*	intéressant.	*interesting.*
les arts plastiques	*art*	ennuyeux.	*boring.*
les maths	*maths*	amusant.	*fun/funny.*
les sciences	*science*	créatif.	*creative.*
aimer	*to like*	nul.	*rubbish/awful.*
détester	*to hate*	le/la prof est sympa	*the teacher is kind*
adorer	*to love*	le/la prof est trop sévère	*the teacher is too strict*
		j'ai trop de devoirs	*I have too much homework*

Unité 2 (pages 38–39) *Qu'est-ce que tu portes?*

Qu'est-ce que tu portes?	*What do you wear?*	une cravate	*tie*
je porte …	*I wear …*	une jupe	*skirt*
on porte …	*we wear …*	une veste	*jacket/blazer*
l'uniforme scolaire	*school uniform*	des chaussettes (f)	*socks*
un pantalon	*trousers*	des chaussures (f)	*shoes*
un polo	*polo shirt*	des baskets (f)	*trainers*
un pull	*jumper*	chic	*smart/stylish*
un sweat	*sweatshirt*	confortable	*comfy/comfortable*
un tee-shirt	*tee-shirt*	démodé(e)	*old-fashioned*
une chemise	*shirt*	pratique	*practical*

Unité 3 (pages 40–41) *Ta journée scolaire est comment?*

Ta journée scolaire est comment?	*What is your school day like?*	je mange à la cantine	*I eat in the canteen*
je quitte la maison	*I leave the house*	je chante dans la chorale	*I sing in the choir*
j'arrive au collège	*I arrive at school*	je joue dehors	*I play outside*
je retrouve mes copains	*I meet (up with) my friends*	on recommence les cours	*we start lessons again*
on commence les cours	*we start lessons*	je rentre à la maison	*I go home*
		à (quatre) heures	*at (four) o'clock*

Unité 4 (pages 42–43) *C'est comment, un collège français?*

Quel est ton jour préféré?	*What's your favourite day?*	Je suis fort(e) en maths.	*I am good at maths.*
Mon jour préféré, c'est le …	*My favourite day is …*	l'emploi du temps	*timetable*
J'ai deux heures d'anglais.	*I have two hours of English.*	la rentrée	*start of new school year*
C'est ma matière préférée.	*It's my favourite subject.*	les vacances	*holidays*

Unité 5 (pages 44–45) *Un collège super cool*

Le collège est …	*The school is …*	une piscine.	*a swimming pool.*
grand / petit.	*big / small.*	des courts de tennis.	*tennis courts.*
de taille moyenne.	*medium-sized.*	Il n'y a pas de …	*There isn't … / aren't …*
Il y a 500 élèves.	*There are 500 pupils.*	harcèlement.	*bullying.*
On étudie …	*We study …*	toilettes sales.	*dirty toilets.*
le japonais.	*Japanese.*	profs trop sévères.	*too strict teachers.*
la cuisine.	*cookery.*	on porte …	*we wear …*
les arts martiaux.	*martial arts.*	Tu es d'accord?	*Do you agree?*
Il y a …	*There is … / There are …*	Je (ne) suis (pas) d'accord!	*I (dis)agree!*
un cinéma en 3D.	*a 3D cinema.*		

Les mots essentiels *High-frequency words*

Pronouns

on ....*we/one/people*

Connectives

et ....*and*
mais ....*but*
parce que ....*because*

Qualifiers

très ....*very*
vraiment ....*really*
trop ....*too*

Question words

qu'est-ce que tu …? ....*what do you …?*
à quelle heure? ....*at what time?*
combien (de)? ....*how many/how much?*

Sequencing words

d'abord ....*first of all*
ensuite/puis ....*then*
après ....*afterwards*

Stratégie 2

High Frequency words

High-frequency words are **powerful words** which crop up again and again.

They are often only short, but they are really useful: *je*, *tu*, *le* and *et* are all in the Top 20 of most used French words.

High-frequency words can be used in any situation.

Make a point of learning these words and see which ones you can spot and use whenever you start a new topic.

Mon temps libre

1 C'est quel pays francophone?

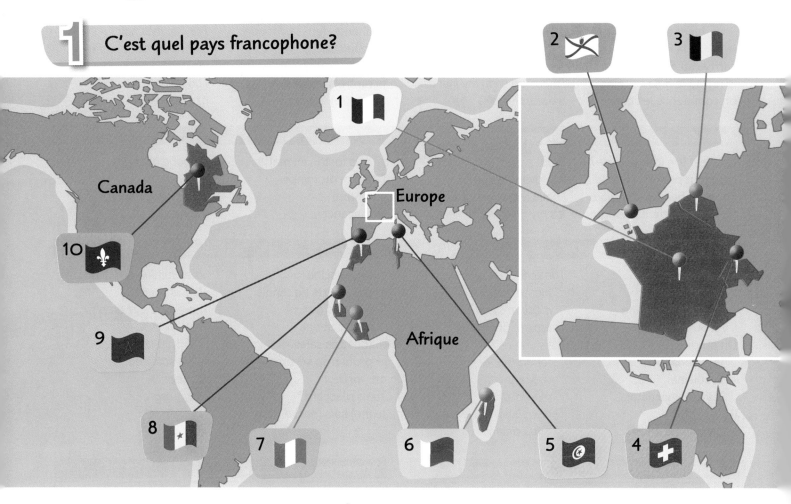

la Belgique   la Côte d'Ivoire   la France   Jersey   Madagascar

le Maroc   le Québec   le Sénégal   la Suisse   la Tunisie

French is spoken in many parts of the world. It is the official language of Quebec in Canada, Ivory Coast and Senegal. It is also one of four official languages in Switzerland. In Morocco and Madagascar, French is the second language.

2 C'est a, b ou c?

1 Les boules sont un sport traditionnel …
   a en France.
   b en Côte d'Ivoire.
   c à Madagascar.

2 Le sport traditionnel du Québec est …
   a le tennis de table.
   b le hockey sur glace.
   c le volleyball.

3 Le sport le plus populaire en France est …
   a la gymnastique.
   b le cyclisme.
   c le judo.

3 C'est quelle sport?

1 le Tour de France
2 la Ligue 1
3 les 24 Heures du Mans
4 Roland-Garros (French Open)
5 la Route du Rhum

The *Tour de France* is over 100 years old. French cyclists have won the race more times than cyclists from other countries.

a le tennis

b le foot

c la voile

d le cyclisme

e la course automobile

4 Quel sport n'est pas représenté aux Jeux Olympiques d'hiver?

France, host of the Winter Olympics: 1924, 1968, 1992.
France, host of the Summer Olympics (Paris): 1900, 1924, 2024.

 le ski alpin
 le hockey sur glace
 le tir à l'arc
 la luge
 le patinage artistique
 le snowboard

5 C'est quelle colonne sur la graphique?

a jouer

b prendre des photos

c écouter de la musique

d téléphoner

e faire des vidéos

f envoyer des SMS

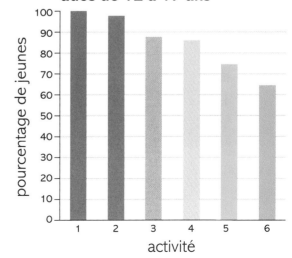

L'usage du portable par les ados de 12 à 17 ans

pourcentage de jeunes / activité

Point de départ

Écoute, répète et fais les gestes. (1–9)

> The letter **g** is a soft sound before
> **–e, –é, –i** or **–y**: **neige**.
> Before any other letter it is a hard sound: **guitare**.

maison   sorcière   natation

neige   guitare   échecs

hyper-cool!   soleil   temps libre

Écoute. C'est quel mot? Fais le bon geste. (1–9)

En tandem. Dis un mot. Ton/Ta camarade fait le geste.

En tandem. Lis la question et les phrases à haute voix.
In pairs. Read the question and the sentences aloud.

> Quel temps fait-il?

Il fait beau.

Il fait mauvais.

Il fait chaud.

Il fait froid.

Il y a du soleil.

Il y a du vent.

Il pleut.

Il neige.

Use your knowledge of French sounds to predict the pronunciation of the weather phrases.

Écoute et vérifie. (1–8)

**6 Écoute et note en anglais la saison et le temps.
Écoute encore une fois et note les autres détails. (1–4)**
*Listen and note down in English the season and the weather.
Listen again and note down any other details.*

au printemps	*in spring*
en été	*in summer*
en automne	*in autumn*
en hiver	*in winter*

| ***un short*** | *shorts* |
| ***un chapeau*** | *a hat* |

7 Choisis une saison. Dis des phrases à ton/ta camarade.

- *En automne, il pleut et il … Je porte un pull et …
  J'aime / Je n'aime pas l'automne. C'est triste.*

Je porte …	un jean / un pull / un sweat.
	un tee-shirt / un chapeau / un short.
	une veste.
C'est …	amusant / génial / sympa.
	triste / nul / ennuyeux.

8 Écoute et lis les Haiku.

Quand il pleut, c'est triste
Et je reste à la maison.
Je surfe et je blogue.

En hiver il neige.
Je porte un pull et des gants.
J'aime les boules de neige!

| ***rester*** | *to stay* |
| ***des gants*** | *gloves* |

9 Traduis les Haiku en anglais.

10 Écris un Haiku.

- Use ideas from the word clouds and from exercise 7.
- Your Haiku should consist of:
  - first line: five syllables
  - second line: seven syllables
  - third line: five syllables.
- Do a drawing, or download a photo to illustrate your Haiku.

Je …
joue
danse
chante
tchatte
nage

J'aime …
Je n'aime pas …
l'hiver
l'été
le foot
la musique
mon portable

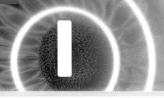

Tu es sportif/sportive?

- Talking about which sports you play
- Using *jouer à*

Écouter 1

Écoute et écris les bonnes lettres. (1–5)

> *Tu aimes le sport?*

> *Je joue …*

a au basket

b au billard

c au football (foot)

d au hockey

e au rugby

f au tennis

g au volleyball

h à la pétanque / aux boules

i aux cartes

j aux échecs

Parler 2

Ça se prononce comment? Lis les mots de l'exercice 1 à haute voix.

Parler 3

En tandem. Parle du sport.

- *Tu aimes le sport?*
- *Oui, j'aime le sport. Je joue <u>au football et au volleyball</u>.*

Ou

- *Non, je n'aime pas le sport, mais je joue <u>aux cartes et …</u> Et toi? Tu aimes le sport?*
- *…*

Use ***jouer à*** to say what sports you play.

à + le	➡ *au*	*le basket*	➡	*Je joue **au** basket.*
à + la	➡ *à la*	*la pétanque*	➡	*Il joue **à la** pétanque.*
à + les	➡ *aux*	*les cartes*	➡	*Tu joues **aux** cartes?*

Be careful with cognates. They look the same as English words, but they are usually pronounced differently.

***jouer* (to play)** is a regular *–er* verb. **G**

je joue	I play
tu joues	you (singular) play
il/elle/on joue	he/she plays / we play
nous jouons	we play
vous jouez	you (plural or polite) play
ils/elles jouent	they play

Page 76 ➡

4 Écoute. Il/Elle est sportif/sportive (✓/✗)?

1 Justine **2** Sébastien

Il est	assez / très	sportif.
Elle est		sportive.
Il n'est pas	très	sportif.
Elle n'est pas		sportive.

> Listen carefully for negatives. They change the whole meaning of a sentence.
> **Il joue au rugby.** He plays rugby.
> **Il ne joue pas au rugby.** He does not play rugby.

5 Écoute encore une fois. Quelles activités font Justine et Sébastien?
Écris les bonnes lettres de exercice 1.
Listen again. What activities do Justine and Sébastien do?
Note down the correct letters from exercise 1.

6 Lis et regarde la photo. Corrige les six erreurs dans le texte.
Read and look at the photo. Correct the six mistakes in the text.

Sur la photo, il y a une fille. Elle n'est pas très sportive. Elle joue au basket. Elle porte un tee-shirt jaune, une jupe rose et une casquette blanche. Il fait mauvais et le ciel est bleu. Au fond, il y a des arbres et une maison.

une casquette	a cap
le ciel	the sky
des arbres	trees

7 Écoute et vérifie.

8 En tandem. Regarde la photo et décris-la.
In pairs. Look at the photo and describe it.

- *Qu'est-ce qu'il y a sur la photo?*
- *Sur la photo, il y a un garçon. Il est … Il joue au …*
  Il porte … Il fait / Il y a … Au fond, il y a …

Remember, in French, colours come <u>after</u> the noun and they must <u>agree</u> with the noun.
un tee-shirt blanc   une jupe blanche
Look back at page 38 if you need a reminder.

| **un bâtiment** | a building |

Qu'est-ce que tu fais?

• Talking about activities you do
• Using the verb *faire*

Écoute et lis. Trouve le bon mot pour chaque image dans le texte. (1–3)

Les activités: qu'est-ce que tu fais?

1  Kader

Je fais du ¹ 🎭 et je fais de la ² 🕴 ..Je fais aussi de la ³ 💿 parce que c'est amusant. Je ne fais pas de sport.

2  Agathe

Je fais de la ⁴ 🏊 et je fais de l' ⁵ 🐴. En été je fais du ⁶ 🚲 et je fais des ⁷ 👢 avec mes amies.

3  Hanh

Je suis très sportif! Je fais de la ⁸ 🤸 et je fais de l' ⁹ 🏃. Le weekend, je fais du ¹⁰ 🛹 et en hiver, je fais du ¹¹ 🛼.

Tu fais … ? / Je fais …

du skate	**de la** cuisine
du patin à glace	**de la** danse
du théâtre	**de la** gymnastique
du vélo	**de la** natation
du ski	
du judo	
de l'athlétisme	**des** randonnées
de l'équitation	

G

faire is an irregular verb. It often translates as 'to do'.

je **fais**	I do
tu **fais**	you (singular) do
il/elle/on **fait**	he/she does / we do
nous **faisons**	we do
vous **faites**	you (plural or polite) do
ils/elles **font**	they do

You also use *faire* to describe the weather.
Il fait beau / chaud / froid.

Page 76

En tandem. Jeu de mime.

- *Qu'est-ce que tu fais?*
- ■ *[Tu mimes une activité.]*
- *Tu fais du vélo?*
- ■ *Non, je ne fais pas de vélo.*
- *Tu fais de l'équitation?*
- ■ *Oui! Je fais de l'équitation.*

Use *faire de* to talk about some sports and other activities.
de changes according to the noun that follows it.

de + *le* ⟹ *du*	*le vélo*	⟹	*Je fais du vélo.*
de + *la* ⟹ *de la*	*la cuisine*	⟹	*Tu fais de la cuisine.*
de + *l'* ⟹ *de l'*	*l'équitation*	⟹	*Il fait de l'équitation.*
de + *les* ⟹ *des*	*les randonnées*	⟹	*Elle fait des randonnées.*

In the negative, just use *de* (or *d'* before a vowel).
Je ne fais pas de natation. / Je ne fais pas d'athlétisme.

Copie en entier un des textes de l'exercice 1 et traduis-le en anglais.

4 Écoute les interviews. Note l'activité et la fréquence. (1–5)

Exemple: **1** horse riding – every day

Est-ce que … ?	Do / Does … ?
Qu'est-ce que … ?	What … ?

Remember that **qu'est-ce que …** sounds like 'keskuh'.

Est-ce que tu fais souvent (du vélo)?
Je fais (du vélo) …
  parfois / souvent / tout le temps
  tous les jours / tous les weekends
  tous les lundis / mardis / …
  quand il pleut / il fait chaud / …

le roller	roller skating

5 Lis le texte et réponds aux questions en anglais.

Ma colo, elle est super! Je fais tous les jours de la natation et souvent on fait des randonnées. Parfois je fais aussi du trampoline: c'est hyper-cool!

Après le dîner, on fait de la musique: un moniteur joue de la guitare et on chante et on danse. C'est marrant!

Normalement, il fait beau. Mais quand il pleut, je joue aux cartes ou à des jeux de société avec mes amis. **Antoine**

le moniteur/la monitrice	group leader
des jeux de société	board games

During the summer holidays, many French children go off to *une colo (colonie de vacances)*, a holiday camp.

1 What does Antoine think of his holiday camp?
2 How often does he go swimming?
3 What else does he often do?
4 What does he do sometimes?
5 What do they do after dinner? (Name <u>two</u> activities.)
6 What does he do when it rains?

6 En tandem. Tu es en colo. Fais un dialogue. Utilise l'image A ou B.
In pairs. You are at a holiday camp. Make up a dialogue. Use picture A or B.

- *Qu'est-ce que tu fais en colo?*
- *Je fais <u>du vélo</u> et <u>parfois</u>, je fais <u>de la danse</u>. <u>Souvent</u> …*
- *Est-ce que tu fais <u>de la natation</u>?*
- *Oui, je fais aussi <u>de la natation</u>. / Non, je ne fais pas de <u>natation</u>.*

A

B

7 Écris un message. Décris les activités que tu fais en colo. Adapte le texte de l'exercice 5.

Je fais <u>tous les jours</u> de la <u>gymnastique</u> et <u>parfois</u> on fait <u>de l'équitation</u>. On fait aussi …
C'est <u>super</u>! Quand <u>il y a du soleil</u>, je …

3 Le sport dans les pays francophones

- Discovering sport in French-speaking countries
- Using cognates and context

Parler

1 Regarde les photos et lis les mots à haute voix.

> Cognates look like English words, but they are usually pronounced differently in French. Use your knowledge of French phonics to predict how the words will sound.

LE SPORT DANS LES ALPES

Les sports d'hiver ❄

On fait

☀ Les sports d'été

c … du snowboard

d … du ski alpin

a la France

b les Alpes

e station de ski

f touristes

g … du rafting

h … de l'alpinisme

i … du canyoning

j … du canoë-kayak

Écouter

2 Écoute et écris les lettres de l'exercice 1 dans le bon ordre.

Écouter

3 Copy the words below then listen to Yasmine talking about sport in Morocco. Tick off the sports as you hear them. Which two <u>doesn't</u> she mention?

golf	skiing	windsurfing
surfing	canoeing	beach volleyball
tennis	rafting	yachting

les sports nautiques	*water sports*
la planche à voile	*windsurfing*
à la montagne	*in the mountains*

4 Lis le texte et trouve le sens des mots soulignés. Puis complète les phrases en anglais.

La lutte suisse

La lutte suisse est un sport traditionnel en Suisse. On pratique ce sport en plein air.

Une compétition de lutte est composée de deux phases: le championnat et la finale.

Les lutteurs portent une chemise bleue, un short et un pantalon. La lutte suisse est un sport traditionnellement masculin, mais les femmes pratiquent ce sport depuis 1990.

1 Swiss   is a traditional sport in Switzerland.
2 People practise this sport in the   air.
3 A contest consists of two stages: the   and the   .
4 The   wear a blue shirt, shorts and trousers.
5 It is traditionally a male sport, but   have been practising this sport   1990.

> You can sometimes work out the meaning of new words from the context. For example:
>
> *La lutte suisse est un sport traditionnel en Suisse.*
>
> Can you work out what *la lutte* is from looking at the photo?

5 Lis le texte. Trouve le sens en anglais des mots soulignés.
Read the text. Work out the English meaning of the underlined words.

Hiver Québec

le Québec

Le Québec, c'est le paradis des sports d'hiver!

À part le ski et le snowboard, on fait de la luge. C'est rapide et c'est hyper-cool!

On pratique aussi la motoneige – un moyen de transport idéal dans la neige!

Et si tu aimes la nature et les animaux, tu peux faire une randonnée à traîneau de chiens. Les chiens sont très intelligents et très forts.

Au Québec, il y a quelque chose pour tous les aventuriers!

la motoneige	snowbiking
un chien	dog

6 Écris un texte au sujet du sport dans ta ville / région. Adapte le texte de l'exercice 5.

Oxford, c'est le paradis des sports d'hiver / d'été!

On fait ... et on joue ... C'est génial!

On fait / joue aussi ...

Il y a quelque chose pour tous les sportifs / aventuriers.

> With a sport or game you play, use
> *jouer au / à la / aux ...*
>
> With a sport or activity you do, use
> *faire du / de la / de l' / des ...*
>
> Look back at pages 60–63 for help if you are not sure.

4 Tu aimes faire ça?

1 Écoute et lis les phrases. Écris la bonne lettre. (1–8)

1 bloguer
2 écouter de la musique
3 envoyer des SMS
4 prendre des selfies
5 partager des photos et des vidéos
6 regarder des films
7 tchatter avec mes copains/copines
8 télécharger des chansons

a to take selfies
b to chat with my mates
c to download songs
d to blog

e to watch films
f to send texts
g to listen to music
h to share photos and videos

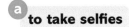

2 Qu'est-ce que c'est en français? Adapte les phrases de l'exercice 1.

1 to take photos
2 to share videos
3 to download music
4 to listen to songs
5 to watch videos
6 to send selfies

> Remember, the infinitive is the form of the verb which means 'to' do something.
>
> *regard**er*** (to watch)
> *prend**re*** (to take)
>
> Many (but not all) infinitives end in *–er*.

3 Écoute. Écris la lettre de l'exercice 1 et dessine le bon symbole. (1–6)

Exemple: 1 a ✓✓

> *Qu'est-ce que tu aimes faire sur ton portable ou ta tablette?*

✓✓   j'adore
✓   j'aime
✗   je n'aime pas
✗✗   je déteste

rapide   fast

> Use **aimer** (to like), **adorer** (to love) and **détester** (to hate), plus the infinitive of another verb, to say what you like or don't like doing.
>
> When used after these verbs, the infinitive translates as 'do**ing** something'.
>
> | *J'aime regarder* … |
> | *J'adore télécharger* … |
> | *Je n'aime pas prendre* … |
> | *Je déteste faire* … |
>
> *J'aime **écouter** de la musique.*   I like **listening** to music.

Page 77

4 Écris un paragraphe sur toi. Utilise les mots dans les cases.
Write a paragraph about yourself. Use words from the boxes.

J'adore partager des photos sur Instagram parce que c'est facile et c'est rapide. J'aime aussi regarder des films sur ma tablette parce que c'est amusant, mais je n'aime pas … parce que …

1
J'aime …
J'adore …
Je n'aime pas …
Je déteste …

2
écouter
envoyer
prendre
partager
regarder

3
de la musique
des SMS
des selfies
des photos
des films

4
avec mes copains/copines
sur mon portable /
   ma tablette
sur YouTube /
   Snapchat / iTunes …

5
parce que c'est …
amusant
marrant
ennuyeux
facile
intéressant
rapide
…

5 En groupes de trois ou quatre. Fais une conversation.

- *Qu'est-ce que tu aimes faire sur <u>ton portable / ta tablette</u>?*
- ▪ *J'aime <u>envoyer des SMS à mes copains</u> parce que c'est <u>facile</u>. Et toi?*
- ◆ *J'adore <u>prendre des photos</u> et j'aime <u>regarder des vidéos sur YouTube</u> parce que c'est <u>amusant</u>.*
- ▲ *Qu'est-ce que tu n'aimes pas faire?*
- ● *Je n'aime pas / Je déteste … parce que c'est …*

6 Écoute la chanson. Note les expressions avec *aimer* et *adorer*. Puis chante!

Exemple: J'adore regarder des vidéos.

7 Lis le texte et réponds aux questions.

Mathis

Valentine

Léo

Je m'appelle **Léo**. Je suis assez grand et très sportif!
Au collège, je joue au volleyball et je fais de l'athlétisme.
J'adore aussi les arts martiaux et tous les weekends, j'aime
faire du judo. En hiver j'adore faire du ski, mais je n'aime
pas faire du patin à glace parce que c'est trop difficile!

J'ai deux bons copains, **Valentine** et **Mathis**. Valentine
n'est pas très sportive, mais elle est très intelligente. Elle joue
souvent aux échecs et elle adore télécharger des chansons, surtout
du hard rock! Mathis est assez amusant et il adore la technologie!
Il joue tout le temps sur son portable. Il déteste regarder la télé parce
que c'est ennuyeux, mais il aime créer et partager des vidéos avec
ses copains.

créer	to create

Who …
1 plays chess?
2 likes some winter sports?
3 is into technology?
4 loves music?
5 is keen on martial arts?
6 is an amateur film-maker?

Questions, questions, questions!

• Creating an interview with a celebrity
• Forming and answering questions

Écoute. Tu entends *est-ce que* … ou *qu'est-ce que* …? Écris 'E' ou 'Q'. (1–6)
Listen. Do you hear est-ce que … *or* qu'est-ce que …*? Write 'E' or 'Q'.*

> **G**
>
> Remember:
>
> ***Est-ce que* tu …?   Do you …?**
> ***Qu'est-ce que* tu …?   What do you …?**
>
> *Est-ce que* …? questions are usually answered by starting with *oui* or *non*, like 'Do you …?' questions in English.
>
> ***Est-ce que* tu aimes faire du judo?**
> ***Oui**, j'aime faire du judo.*
>
> Page 77

**Lis et trouve la bonne réponse à chaque question.
Puis écoute et vérifie.**

> To help find the right answer for each question, decide whether it is a 'yes / no' answer.
>
>

1 Qu'est-ce que tu aimes faire le weekend?
2 Est-ce que tu aimes faire du sport?
3 Est-ce que tu aimes faire de la natation?
4 Est-ce que tu aimes jouer au volleyball?
5 Qu'est-ce que tu aimes faire sur ton portable?

a Oui, j'adore nager.
b J'aime retrouver mes amis.
c Oui, je suis très sportif. J'aime jouer au tennis.
d J'aime envoyer des SMS et prendre des selfies!
e Non, mais parfois j'aime jouer au basket.

**Écris quatre questions pour ton/ta camarade.
Utilise les mots dans les cases.**
*Write four questions for your partner.
Use the words in the word clouds.*

1 Qu'est-ce que tu aimes faire avec tes amis?

2 Est-ce que tu aimes …

> Qu'est-ce que tu aimes faire …
>
> le weekend?
>
> avec tes amis?
>
> sur ton portable?

> Est-ce que tu aimes …
>
> bloguer?
>
> prendre des selfies?
>
> jouer aux échecs?
>
> faire de la danse?

Parler 4 **En tandem. Pose tes questions de l'exercice 3 à ton/ta camarade.**

- *Qu'est-ce que tu aimes faire <u>le weekend</u>?*
- ▪ *<u>Le weekend</u>, j'aime <u>faire des randonnées avec mes copains</u>.*

> You can often use part of a question to form your answer, but remember to change the pronoun and the verb form from **tu** to **je**.
>
> *Est-ce que **tu aimes** faire de la gymnastique?* ➡ *Oui, **j'aime** faire de la gymnastique.*

 Écrire 5 **En secret! Choisis une de ces célébrités, puis copie et complète le texte avec les mots de ton choix.**
In secret! Choose <u>one</u> of these celebrities, then copy and complete the text with the words of your choice.

Rémi Rappeur   Lola Labelle   Gabriel Grossetête

1. Bonjour, je m'appelle **Rémi Rappeur / Lola Labelle / Gabriel Grossetête** et j'ai **15 / 18 / 21** ans.
2. Je suis très **amusant(e) / intelligent(e) / sympa**, mais parfois je suis aussi un peu **arrogant(e) / méchant(e) / timide**.
3. **Souvent / Le weekend / Tous les jours**, j'adore **danser / jouer au tennis / faire du judo**, parce que c'est **génial / hyper-cool / intéressant**.
4. Quand il **pleut / fait beau / neige** j'aime **nager / jouer aux cartes / prendre des selfies**, mais je n'aime pas **bloguer / faire des randonnées / tchatter** parce que c'est **difficile / ennuyeux / nul**.

 Parler 6 **En tandem. Devine le texte de l'exercice 5 de ton/ta camarade.**
In pairs. Guess your partner's text from exercise 5.

- *Bonjour. Je m'appelle Rémi Rappeur et j'ai quinze ans.*
- ▪ *Non. Deux erreurs.*
- *Bonjour. Je m'appelle Gabriel Grossetête et j'ai dix-huit ans.*
- ▪ *Non. Une erreur.*
- *Bonjour. Je m'appelle Lola Labelle et j'ai dix-huit ans.*
- ▪ *Oui.*

 Parler 7 **En tandem. Invente une interview avec une célébrité. Répète, puis enregistre ton interview ou fais une vidéo.**

1. Comment t'appelles-tu?
2. Quel âge as-tu?
3. Tu es comment?
4. Qu'est-ce que tu …?
5. Est-ce que tu …?

- Add variety to the responses: use different verbs (***j'aime / j'adore / je n'aime pas faire / prendre / jouer / regarder** …*).
- Add interest: include time / weather expressions and reasons.
- Pay attention to your pronunciation and intonation.

Watch or listen to another pair's interview. Award one, two or three stars for **a** variety / interest, and **b** pronunciation / intonation.

Bilan

P

I can ...
- pronounce more key French sounds correctly: .... *natation, échecs, maison, soleil, hyper-cool*
- talk about seasons and the weather: .... *En été, il fait beau.*

1

I can ...
- say which sports and games I play: .... *Je joue au basket et je joue aux cartes.*
- say whether I am sporty: .... *Je suis assez sportif/sportive.*
- use *jouer à*: .... *je joue, tu joues, il/elle/on joue au basket, à la pétanque, aux boules ...*

2

I can ...
- say what activities I do: .... *Je fais du patin à glace et je fais de la danse.*
- say how often I do things: .... *Je fais souvent du vélo. Parfois, je fais de la gymnastique.*
- use the verb *faire* (to do): .... *je fais, tu fais, il/elle/on fait*

3

I can ...
- listen for cognates: .... *Dans les Alpes, on fait du ski et du rafting.*
- use context to work out meaning: .... *La lutte suisse est un sport traditionnel en Suisse.*

4

I can ...
- say what I like doing on my mobile: .... *J'aime envoyer des SMS et prendre des selfies.*
- use *aimer / adorer / détester* + infinitive: .... *J'adore tchatter, mais je déteste bloguer.*

5

I can ...
- carry out a short interview: .... *Qu'est-ce que tu aimes faire le weekend?*
- use *est-ce que ...?* and *qu'est-ce que ...?*: .... *Est-ce que tu aimes faire du sport? Qu'est-ce que tu aimes faire?*

Révisions

1 In pairs. Take it in turns to say which sports or games you play. Remember, cognates are pronounced differently in French!

Example: Je joue au football.

2 Copy out these activities, filling in the missing letters. Use the *Vocabulaire* on page 78 if you need help. Then write a sentence for each activity, using *Je fais …*

1 du __élo (cycling)
2 de la na__ation (swimming)
3 de la cui__ine (cooking)
4 des __an__onnées (hiking)
5 de l'é__uita__ion (horse riding)
6 du __atin à __lace (ice skating)

3 Match up the French and English frequency expressions.

1 parfois   **2** souvent   **3** tout le temps   **4** tous les jours   **5** tous les weekends

a every day   **b** often   **c** every weekend   **d** sometimes   **e** all the time

4 In pairs. Take turns to complete these sentences.
1 Tous les weekends, je …
2 Parfois je …
3 Quand il fait beau, je …
4 Quand il pleut, je …

5 Translate this message from your French friend into English and write a reply.

> J'aime envoyer des SMS et j'adore télécharger de la musique, mais je déteste prendre des selfies. Et toi?

6 Copy and complete the sentences with the correct verb: *j'aime, je joue* or *je fais*.
1 ___ au volleyball.
2 ___ de la gymnastique.
3 ___ regarder des films.
4 ___ du patin à glace.
5 ___ prendre des photos.
6 ___ aux échecs.

7 Read this text about sport in Tunisia. What does it say about …
a the weather?   **b** popular tourist activities?

> En été, il fait très chaud et il y a beaucoup de touristes. On fait de la voile et de la planche à voile. Souvent aussi, on fait du surf et du ski nautique.

8 Translate this message into French.

> Every day I go swimming. Sometimes I play basketball. I love listening to music on my mobile.

En focus

Écouter 1 Quelles activités font-ils? Écoute et note les <u>deux</u> bonnes lettres pour chaque personne. (1–3)

a	playing cards
b	watching TV
c	swimming
d	listening to music
e	horse riding
f	cooking
g	hiking
h	playing football

1 Raphaël
2 Samira
3 Benoît

Parler 2 Jeu de rôle. En tandem. Lis la conversation à haute voix. Puis répète la conversation, mais change les détails soulignés.

Tu parles des passe-temps avec ton copain/ ta copine français(e).

- *Qu'est-ce que tu fais, le weekend?*
- ▪ *Tous les samedis, je joue au foot avec mes amis.*
- *Est-ce que tu aimes faire de la cuisine?*
- ▪ *Non, je n'aime pas faire de la cuisine parce que c'est ennuyeux.*
- *Qu'est-ce que tu aimes faire sur ton portable?*
- ▪ *J'aime prendre des photos et télécharger des chansons.*
- *Ah, oui. C'est hyper-cool!*
- ▪ *Est-ce que tu aimes faire du sport?*
- *Oui, j'adore faire du sport. C'est génial!*

> In exercise 1, you need to note down activities each person <u>does</u>. Don't get caught out by the negative. Remember, **ne … pas** tells you what someone does <u>not</u> do or does <u>not</u> like doing.

> Remember, **est-ce que tu …?** means 'do you …?', so start your answer with **oui** or **non**.
>
> Don't forget to change the pronoun and verb form in your answer.
>
> *Est-ce que **tu aimes** faire …?* ➡
> *Oui, **j'aime** faire … / Non, **je n'aime** pas faire …*

Écouter 3 Description d'une photo. Regarde la photo et prépare tes réponses aux questions. Puis écoute et réponds.

> You could say who is in the photo, what she is doing, what she is wearing, what the weather is like … Remember also to say where in the photo things are (in the centre, on the right, etc.).

- Qu'est-ce qu'il y a sur la photo?
- *Sur la photo, il y a …*
- Est-ce que tu aimes jouer au rugby?
- *Oui / Non, …*
- Qu'est-ce que tu fais quand il pleut?
- *Quand il pleut, je …*

> Give *your* opinion and add a reason: *parce que c'est …*

4 Lis le texte et écris la lettre de la bonne colonie de vacances.

Mon hit-parade des colonies de vacances *par Thomas Lemaître*

a	**Aqua-Camp**	Le paradis des sports nautiques: voile, planche à voile, canoë-kayak. C'est super!
b	**Camp Culture**	Toutes sortes d'activités culturelles: peinture, littérature, poésie. Et une visite au théâtre!
c	**Camp des Arbres**	Tu aimes faire des activités géniales en pleine forêt? Randonnée, équitation, vélo tout-terrain …?
d	**Camp Cuisine**	On prépare toutes sortes de plats délicieux: des pizzas, des tartes, des gâteaux … Miam-miam!

Which holiday camp would you go to if you wanted to do the following?

1 horse riding
2 sailing
3 baking
4 painting and drama
5 outdoor activities in a forest

> You don't need to understand every word to answer the questions. Remember what you have learned about using cognates and context to help you decode a text.

5 Traduis les phrases en français.

> Say 'I do swimming'. Use the correct form of the verb *faire*.

> Use *on* to mean 'we'.

1 I go swimming.
2 Every day, we play football.
3 I like sending texts and taking selfies.
4 I love sharing photos, because it is fun.
5 When it rains, I like watching videos on YouTube.

> How do you say 'I love'?

> Use the correct form of *aimer* + the infinitive.

6 Écris un blog sur tes passe-temps. Réponds aux questions.

- Est-ce que tu aimes le sport?
- Qu'est-ce que tu aimes faire?
- Qu'est-ce que tu fais quand il fait froid?

Oui, j'aime / Non, je n'aime pas … parce que …

Je joue / Je fais … J'aime aussi …

Quand il fait froid, je …

- Say how often you do things (*tous les jours*, *parfois*)
- Include opinions with reasons (*j'aime / je n'aime pas parce que c'est* …)
- Vary your language (*j'adore*, *je déteste*)
- Use connectives to create longer sentences (*et*, *mais*, *aussi*, *parce que*)

En plus

Écoute et lis le texte.

Le Petit Nicolas is a series of books about a French schoolboy, written by René Goscinny and illustrated by Jean-Jacques Sempé.

The stories tell the tale of Nicolas' humorous adventures at home, at school and with his friends. The books have been made into two live-action films and an animated TV series.

French books often use a dash (–) to show that someone is speaking. In this extract, Nicolas and six of his friends are talking.

The stories are narrated by **Nicolas** himself. As in most stories with dialogue, the text includes things like 'I said' (*j'ai dit*).

– Chouette! j'ai dit, on joue au rugby!
– Moi, j'aime le foot et le vélo, a dit **Clotaire**, mais je ne sais pas jouer au rugby.
– C'est facile, a dit **Joachim**.
– On joue au rugby à quinze ou au rugby à treize? a demandé **Maixent**.
– Au rugby à quinze; c'est plus chouette, a dit **Rufus**.
– Mais on est huit personnes, a dit **Eudes**.
– Pas de problème, a dit **Geoffroy**.

a dit	(he) said
a demandé	(he) asked

chouette	*great, nice*
je ne sais pas	*I don't know (how to)*
facile	*easy*

Relis le texte et réponds aux questions en anglais.

Who says …?

1 It's easy.
2 We are eight people. / There are eight of us.
3 Rugby fifteens is nicer.
4 I like football and cycling.
5 No problem.
6 I don't know how to play rugby.

You don't need to understand every word. Use the questions to help you and look for words you recognise (e.g. sports, numbers, verbs) or cognates (e.g. *personnes*).

Copie et complète le résumé du texte en anglais.
Copy and complete the summary of the text in English.

Nicolas and his friends are discussing   .
Clotaire says that he doesn't   , but Joachim says   .
They decide to play fifteens, but there are only   of them.

4 Écoute et lis la publicité.

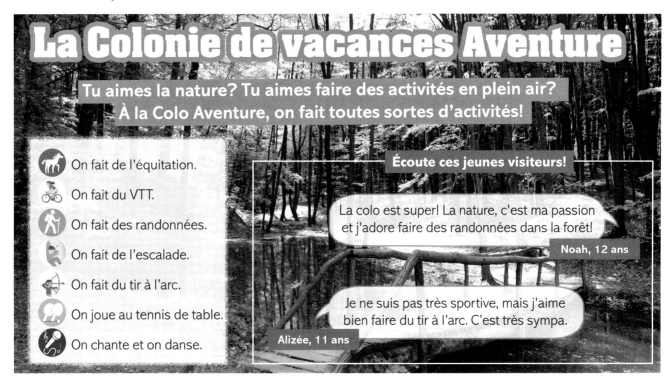

La Colonie de vacances Aventure

**Tu aimes la nature? Tu aimes faire des activités en plein air?
À la Colo Aventure, on fait toutes sortes d'activités!**

On fait de l'équitation.

On fait du VTT.

On fait des randonnées.

On fait de l'escalade.

On fait du tir à l'arc.

On joue au tennis de table.

On chante et on danse.

Écoute ces jeunes visiteurs!

La colo est super! La nature, c'est ma passion et j'adore faire des randonnées dans la forêt!

Noah, 12 ans

Je ne suis pas très sportive, mais j'aime bien faire du tir à l'arc. C'est très sympa.

Alizée, 11 ans

5 Trouve l'équivalent en français dans le texte de l'exercice 4.

1 in the open air
2 all sorts of activities
3 we do mountain biking
4 we do rock climbing
5 we do archery
6 in the forest

6 Écoute. On parle d'une colo différente. Note les détails en anglais. (1–6)
Listen and note down what they like and the activities mentioned.

Exemple: 1 sport – basketball

7 Invente une colonie de vacances. Écris une publicité.
Invent a holiday camp. Write an advert.

Use the advert in exercise 4 as a model:
- Give your holiday camp a name and decide what sort of activities it offers: sport, water sports, cultural activities (music, dance, theatre, etc.).
- Start with some questions (*Tu aimes ...?*)
- List the activities on offer. Which verbs do you need? (*on chante / danse / joue / fait ...*)
- Include visitors' comments. (*Moi, j'aime / j'adore ... et on fait / joue / chante ... C'est super / génial / sympa.*)

8 Si possible, enregistre ou fais une vidéo de ta publicité.
If possible, record or film your advert.

Grammaire

Jouer à (Unit 1, page 60)

1 Write out the sentences, using *au/à la/aux* before the noun. Then translate them into English.

1 Le samedi, je joue . **(m)**

2 Ma sœur joue . **(m)**

3 Tu joues . **(pl)**

4 En France, on joue . **(f)**

5 Mes amis et moi jouons . **(m)**

6 Vous jouez ? **(pl)**

---

jouer (to play) is a regular *–er* verb.

je joue
tu joues
il/elle/on joue
nous jouons
vous jouez
ils/elles jouent

To say which sports or games you play, use **jouer à**.

le basket ➡ *à + le = au*
la pétanque ➡ *à + la = à la*
les cartes ➡ *à + les = aux*

*Je joue **au** basket. Il joue **aux** cartes.*

The verb *faire* (Unit 2, page 62)

2 Tyler's hamster has chewed holes in his verb table! Can you help him rewrite it? How much can you do from memory?

je	I do
tu fais	
il/elle/on	he/she does / we do
nous faisons	we do
faites	you (plural or polite) do
ils/elles font	they

The verb *faire* is irregular. It often translates as 'to do', but it can have other meanings: sometimes *faire* translates as 'to go'.

Je fais du vélo. (I go cycling.)

Faire de … (Unit 2, page 62)

3 Write out the sentences, choosing the correct words. Then translate the sentences into English.

  1 Je fais **du / de la / de l' / des** gymnastique. (la gymnastique)

  2 Tu fais **du / de la / de l' / des** athlétisme? (l'athlétisme)

  3 Mon copain fait **du / de la / de l' / des** théâtre. (le théâtre)

  4 En hiver, on fait **du / de la / de l' / des** ski. (le ski)

  5 Ma famille et moi faisons **du / de la / de l' / des** randonnées. (les randonnées)

  6 Je ne fais pas **de la / de** natation. (la natation)

> Use *faire* + *de* to talk about sports you <u>do</u> and other activities.
>
> *le vélo*   ➡   *de* + *le* = *du*
> *la cuisine*   ➡   *de* + *la* = *de la*
> *l'équitation* ➡   *de* + *l'* = *de l'*
> *les randonnées* ➡ *de* + *les* = *des*
>
> *Je fais du vélo. Il fait des randonnées.*
>
> 💡 In the negative, just use *de* (or *d'* before a vowel).
>
> *Je <u>ne</u> fais <u>pas</u> de natation.*
> *Je <u>ne</u> fais <u>pas</u> d'athlétisme.*

Aimer + infinitive (Unit 4, page 66)

4 Copy and complete the message using the infinitives from the box.

Sur mon portable, j'adore   **1**   des selfies! J'aime aussi   **2**   des films et   **3**   des chansons. Je n'aime pas   **4**   et je déteste   **5**   des SMS.

bloguer	écouter	envoyer	prendre	regarder

> Use *aimer* (to like), *adorer* (to love) and *détester* (to hate), plus the **infinitive** of another verb, to say what you like or don't like doing.
>
> *J'aime écouter de la musique.*
> I like **listening** to music.
>
> *Elle déteste partager des photos.*
> She hates **sharing** photos.
>
> The infinitive of <u>most</u> verbs ends in *–er*, but not always: e.g. *prendre* (to take), *faire* (to do).

Est-ce que and *Qu'est-ce que* (Unit 5, page 68)

5 Write out the questions in French, putting the words into the correct order.

  1 gymnastique Est-ce que aimes faire de tu la ?

  2 regarder tu vidéos Est-ce que aimes des ?

  3 tu weekend aimes Qu'est-ce que faire le ?

  4 pleut Qu'est-ce que faire tu aimes il quand ?

> *Est-ce que tu …?* means '**Do** you …?'
>
> *Est-ce que tu aimes faire du judo?*
> (Do you like doing judo?)
>
> *Qu'est-ce que tu …?* means '**What do** you …?'
>
> *Qu'est-ce que tu aimes faire sur ton portable?*
> (What do you like doing on your phone?)

Vocabulaire

Point de départ (pages 58–59)

Quel temps fait-il?	What's the weather like?	Il neige.	It's snowing.
Il fait beau.	The weather's fine.	au printemps	in spring
Il fait mauvais.	The weather's bad.	en été	in summer
Il fait chaud.	It's hot.	en automne	in autumn
Il fait froid.	It's cold.	en hiver	in winter
Il y a du soleil.	It's sunny.	Quand (il pleut /	When (it rains / it is hot)
Il y a du vent.	It's windy.	il fait chaud)	
Il pleut.	It's raining.	Je reste à la maison.	I stay at home.

Unité 1 (pages 60–61) *Tu es sportif/sportive?*

Je joue …	I play …	assez	quite
au basket	basketball	très	very
au billard	pool	sportif / sportive	sporty
au football (foot)	football	Il y a un garçon / une fille.	There is a boy / a girl.
au rugby	rugby	Il/Elle joue …	He/She is playing …
au hockey	hockey	Il/Elle porte …	He/She is wearing …
au tennis	tennis	un short	a pair of shorts
au volleyball	volleyball	un chapeau	a hat
à la pétanque / aux boules	boules	une casquette	a cap
aux cartes	cards	Le ciel est bleu / gris.	The sky is blue / grey.
aux échecs	chess	Il y a un bâtiment.	There is a building.
Je suis	I am	Il y a une maison.	There is a house.
Je ne suis pas	I am not	Il y a des arbres.	There are some trees.

Unité 2 (pages 62–63) *Qu'est-ce que tu fais?*

Qu'est-ce que tu fais?	What do you do?	Je fais des randonnées.	I go hiking.
Je fais du skate.	I go skateboarding.	Je ne fais pas de sport /	I don't do sport /
Je fais du patin à glace.	I go ice skating.	danse, (etc.).	dancing, (etc.).
Je fais du vélo.	I go cycling.	Est-ce que tu fais souvent	Do you do / go (cycling)
Je fais du ski.	I go skiing.	(du vélo)?	often?
Je fais du judo.	I do judo.	Je fais … (du vélo).	I do / go (cycling) …
Je fais du théâtre.	I do drama.	parfois	sometimes.
Je fais de la cuisine.	I do cookery.	souvent	often.
Je fais de la danse.	I do dancing.	tout le temps	all the time.
Je fais de la gymnastique.	I do gymnastics.	tous les jours	every day.
Je fais de la natation.	I go swimming.	tous les weekends	every weekend.
Je fais de l'athlétisme.	I do athletics.	tous les lundis/mardis,	every Monday/Tuesday,
Je fais de l'équitation.	I go horse riding.	(etc.)	(etc.).

Unité 3 (pages 64–65) *Le sport dans les pays francophones*

On fait du ski (alpin).	We/People go skiing.	On fait du canyoning.	We/People go canyoning.
On fait du snowboard.	We/People go snowboarding.	On fait du canoë-kayak.	We/People go canoeing.
On fait du rafting.	We/People go rafting.	On fait de la voile.	We/People go sailing.
On fait de l'alpinisme.	We/People go mountaineering.	On fait de la planche à voile.	We/People go wind-surfing.
		On fait de la luge.	We/People go tobogganing.

Unité 4 (pages 66–67) *Tu aimes faire ça?*

Qu'est-ce que tu aimes faire sur ton portable?	*What do you like doing on your phone?*
Qu'est-ce que tu aimes faire sur ta tablette?	*What do you like doing on your tablet?*
J'aime	*I like*
Je n'aime pas	*I don't like*
J'adore	*I love*
Je déteste	*I hate*
bloguer	*blogging*
écouter de la musique	*listening to music*
envoyer des SMS	*sending texts*
prendre des selfies	*taking selfies*
partager des photos / des vidéos	*sharing photos/videos*
regarder des films	*watching films*
tchatter avec mes copains / copines	*chatting (online) with my mates*
télécharger des chansons.	*downloading songs*
parce que c'est …	*because it's …*
amusant	*fun*
marrant	*funny*
ennuyeux	*boring*
facile	*easy*
intéressant	*interesting*
rapide	*fast*

Unité 5 (pages 68–69) *Questions, questions, questions!*

Qu'est-ce que tu aimes faire …?	*What do you like doing …?*
le weekend	*at the weekend*
avec tes amis	*with your friends*
quand il pleut	*when it rains*
Est-ce que tu aimes … ?	*Do you like … ?*
faire du judo	*doing judo*
prendre des photos	*taking photos*
jouer aux échecs	*playing chess*

Les mots essentiels *High-frequency words*

Question words

comment …?	*how … ? (also used to ask what someone or something is like)*
quand …?	*when … ?*
quel(le/s) …?	*which/what … ?*
est-ce que tu …?	*do you … ?*
qu'est-ce que …?	*what … ?*

Prepositions

avec	*with*
en	*in*
sur	*on*

Other key words

tout/toute/tous/toutes	*all, every*

Stratégie 3

Use key sounds to learn groups of words

You learned some key French sounds in Modules 1 (page 8) and 3 (page 58). One way of remembering new words is to group them with others that have the same sound-spelling pattern. Here are some examples from Module 3:

 vélo ➡ été, randonnées, télécharger

 maths ➡ théâtre, athlétisme

 natation ➡ équitation

 échecs ➡ chanter, chansons

 hypercool! ➡ hiver, hockey

Look back at the *Vocabulaire* pages for Modules 1 and 2. Can you add any words to the lists above?

Note: some words may contain more than one key sound! E.g. gymnastique

Ma vie de famille

1 Lis les sons à haute voix. C'est quel animal? Écoute et vérifie. (1–9)

Remember to apply the pronunciation rules you have learned.

For example, **h** is silent so how does **hou-hou** sound?

a le serpent

b le chien

c le chat

d le canard

e le lion

f le canari

g le hibou

h la vache

i l'âne

1 Miaou!

2 Ouaf! Ouaf!

3 Hi-han! Hi-han!

4 Meuh!

5 Cui-cui!

6 Coin-coin!

7 Sssssss!

8 Hou-hou!

9 Roah!

So animals speak French too! Compare the French sound with the English sound. Which one sounds more like the real thing? For example, do you think owls say *hou-hou* or *to-wit to-whoo*?

2 Identifie la capitale et le drapeau de chaque pays européen.

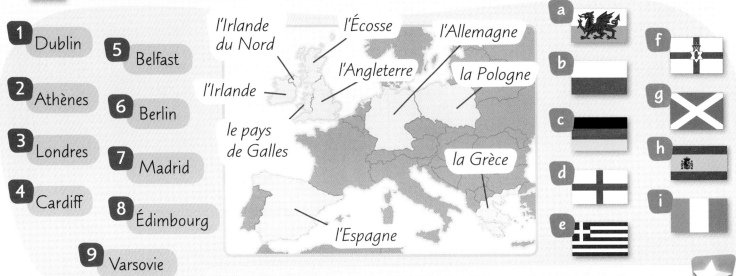

1 Dublin

5 Belfast

2 Athènes

6 Berlin

3 Londres

7 Madrid

4 Cardiff

8 Édimbourg

9 Varsovie

l'Irlande du Nord

l'Écosse

l'Allemagne

l'Angleterre

la Pologne

l'Irlande

le pays de Galles

la Grèce

l'Espagne

a **b** **c** **d** **e** **f** **g** **h** **i**

In the UK, the only towns or cities whose names are translated into French are *Édimbourg*, *Londres* and *Douvres*. Which town do you think *Douvres* might be?

3 On mange ce petit déjeuner ...

1

a en Irlande du Nord.
b en Allemagne.
c en Grèce.

2

a en Pologne.
b au Portugal.
c en Belgique.

3

a en France.
b en Angleterre.
c en Espagne.

4

a au pays de Galles.
b en France.
c en Irlande.

5

a en Écosse.
b en Suisse.
c en Italie.

Breakfast is *le petit déjeuner* in French. It means 'the little lunch'.

4 Ce sont ...

1

les yeux de ...

2

les cheveux de ...

3

les cheveux de ...

4

les yeux de ...

5

les cheveux de ...

6

les yeux de ...

a Quasimodo
b Marie Antoinette
c Audrey Tautou
d Zinedine Zidane
e Maître Gims
f Coco Chanel

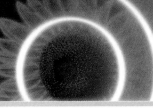

Point de départ

- Talking about animals
- Using higher numbers

1 Écoute et identifie la bonne photo. (1–10)

As-tu un animal?

J'ai …

a un chien

b un chat

c un oiseau

d un hamster

e un lapin

f un cochon d'Inde

g un lézard

h un poisson rouge

i un serpent

j Je n'ai pas d'animal.

2 Lis les descriptions et regarde les photos de l'exercice 1. C'est quel animal?

1 J'ai un 🐾. Il s'appelle Ulysse. Il est noir et blanc.

2 J'ai douze 🐾 rouges. Mon 🐾 préféré s'appelle Plouf.

3 J'ai un 🐾. Il a trois ans. Il est marron et blanc.

4 J'ai un 🐾. Il s'appelle Léo et il est bleu, blanc et noir.

3 En groupe. Fais un sondage. Pose la question et note les réponses.

- *As-tu un animal?*
- *Oui, j'ai un lapin. Il s'appelle Nou-Nou. Il est marron et blanc. J'adore les lapins!*

Ou

- *Non, je n'ai pas d'animal.*

Most nouns add –s in the plural form.
J'ai **deux** chat**s**.

oiseau adds –x ➡ J'ai trois oiseau**x**.

Note that the –x is not pronounced.

Remember your colours:

rose
violet
noir
jaune
blanc
bleu
marron
rouge
orange
vert
gris

4 Écoute et lis les nombres.

• Les nombres •

20 vingt	70 soixante-dix (60+10)	82 quatre-vingt-deux (4x20+2)
30 trente	71 soixante-et-onze (60+11)	90 quatre-vingt-dix (4x20+10)
40 quarante	72 soixante-douze (60+12)	91 quatre-vingt-onze (4x20+11)
50 cinquante	80 quatre-vingts (4x20)	92 quatre-vingt-douze (4x20+12)
60 soixante	81 quatre-vingt-un (4x20+1)	100 cent

 5 Copie et complète les séries.

1 trente-cinq, trente-six, , , trente-neuf
2 cinquante-cinq, cinquante-quatre, , , cinquante-et-un
3 dix, vingt, , , cinquante
4 soixante-dix, , , soixante-treize, soixante-quatorze
5 quatre-vingt-cinq, quatre-vingt-quatre, , , quatre-vingt-un, quatre-vingts

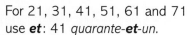
Use a hyphen when writing complex numbers: 26 *vingt-six*.
For 21, 31, 41, 51, 61 and 71 use **et**: 41 *quarante-**et**-un*.
You can use the page numbers in this book to help you.

 6 **Lis le texte et calcule les nombres qui manquent. Puis écoute et vérifie. (1–4)**
Read the table and choose the correct human age. Then listen and check. (1–4)

QUEL ÂGE A TON ANIMAL?

Voici l'équivalent en âge humain!

	animal	âge réel	âge humain
1	un hamster	1 an	? (âge réel x 58)
2	un serpent	12 ans	? (âge réel x 7)
3	un lapin	6 ans	? (âge réel x 10)
4	un chien	13 ans	? (âge réel x 7)

quatre-vingt-onze ans
quatre-vingt-quatre ans
cinquante-huit ans
soixante ans

 7 Say the human age of each donkey. The human age of a donkey is 3 times its actual age.

• *L'âge humain est 15 ans. (5 ans x 3)*

 1 5 ans  2 10 ans  3 15 ans  4 18 ans  5 20 ans

Décris-moi ta famille

- Describing your family
- Using the possessive adjectives *my* and *your*

Écouter
1

Écoute et lis. C'est quelle image?

1 Dans ma famille, il y a **ma mère**, **ma grand-mère** et **mon frère**.

2 Dans ma famille, il y a **mes parents**, **mes frères** et mon chien.

3 J'habite avec **ma belle-mère**, mon père et **mon demi-frère**.

4 Dans ma famille, il y a **mes deux pères** et **ma sœur**.

5 Dans ma famille, il y a **mon père**, ma mère, **mon grand-père** et **ma sœur**.

6 J'habite avec **ma famille** d'accueil.

7 Dans ma famille, il y a **mon beau-père** et **ma demi-sœur**.

	masculine	feminine	plural
my	*mon*	*ma*	*mes*
your	*ton*	*ta*	*tes*

G

Page 100

le beau-père	*step-father*
la belle-mère	*step-mother*
le demi-frère	*half-brother / step-brother*
la demi-sœur	*half-sister / step-sister*
la famille d'accueil	*foster family*

Écrire
2

Copie et complète le tableau avec les mots **en gras** de l'exercice 1. Traduis les mots en anglais.

masculin	féminin	pluriel
mon frère (my brother)	ma mère (my mother)	

Écouter
3

Écoute. Copie et complète le texte avec les âges qui manquent.

Voici une photo de ma famille. Ma petite sœur s'appelle Loulou et elle a **1** ans. Ma grand-mère s'appelle Marie-Claire et elle a **2** ans. Mon grand-père s'appelle Éric et il a **3** ans. Ma mère s'appelle Sandrine et elle a trente-six ans. Mon père a **4** ans et il s'appelle Benoît. Et moi? Je m'appelle Anna et j'ai **5** ans.

4 Écoute et note les bonnes lettres pour chaque personne. (1–6)

Exemple: **1** c, f, …

Il **est** …
Elle **est** …

a petit(e)   **b** de taille moyenne   **c** grand(e)

Il **a** les yeux …
Elle **a** les yeux …

d bleus   **e** marron   **f** verts

Il **a** les cheveux …
Elle **a** les cheveux …

g noirs   **h** bruns   **i** blonds   **j** roux   **k** gris

l courts   **m** longs   **n** mi-longs   **o** bouclés   **p** raides

Il **a** …
Elle **a** …

q une barbe   **r** des taches de rousseur   **s** des tatouages

Il **porte** …
Elle **porte** …

t des lunettes

40   39   15   12

5 Regarde l'image. C'est ta famille. Décris-la en tandem.

- *Il a quel âge, ton frère?*
- *Il a … ans.*
- *Il est comment?*
- *Mon frère est … Il a les yeux … et les cheveux … Il a …*
- *Et ta sœur? Elle a quel âge?*
- *Elle …*

6 Copie et complète la description avec les mots de droite.

1 beau-père s'appelle Franck et il a 43 **2** .
Il **3** de taille moyenne **4** il a une barbe.
Il **5** les yeux bleus et les cheveux gris. Il **6** des lunettes. Il est **7** amusant et il **8** faire du vélo avec **9** mère.

aime   mon   porte   a
ma   est   et
très   ans

7 Écris une description de la famille de l'exercice 5. Utilise ton imagination et invente d'autres détails.

- Give each person's name and age.
- Use the table in exercise 4 to help you describe what each person looks like: height, eyes, hair and extras.
- Use your imagination to describe each person's personality and what he/she likes doing.

Look back at page 16 for personality adjectives. Remember to make your adjectives agree with the person you are describing.

2 Où habites-tu?

1 Lis les textes. C'est Vanessa ou Léo?

Léo

Je m'appelle Léo et j'habite à Bruxelles, la capitale de la Belgique.

Nous habitons dans un grand appartement.

J'habite avec mes parents, mes deux sœurs et mon petit frère.

Je n'ai pas d'animal.

Vanessa

Je m'appelle Vanessa et j'habite dans un village en Côte d'Ivoire.

Nous habitons dans une petite maison traditionnelle.

J'habite avec ma mère, mon frère, ma sœur, mes deux chats et mes deux chiens.

Mon père habite à Yamoussoukro, la capitale.

Who lives …?

1	in Europe	**3**	in a flat	**5**	in Africa
2	in a house	**4**	in the capital city	**6**	with pets

2 Écoute et complète le tableau en français. (1–5)

	pays	maison / appartement	😀 / 😟
1	France	appartement	😟 trop petit

3 En tandem. En secret, choisis des mots dans chaque colonne et écris une phrase. Ton/Ta partenaire devine ta phrase.
In pairs. Secretly choose an element from each column and write down a sentence. Your partner tries to guess your sentence.

J'habite	un appartement	en Écosse.	J'aime habiter ici	c'est tranquille.
		en Angleterre.		c'est grand.
	dans		parce que parce qu'	c'est confortable.
		en Irlande du Nord.	Je n'aime pas habiter ici	c'est trop petit.
Nous habitons	une maison	au pays de Galles.		il n'y a pas de place.

4 Écrire

Traduis les phrases en français.

1. I live in France. I live in a small flat. I don't like living here.
2. I live in Scotland. I live in a big house. I like living here.
3. My father lives in England. He lives in a big flat.
4. We live in a small house in Wales.

Check that you:

- use the correct subject and ***–er*** verb ending with ***habiter***
- use ***en*** or ***au*** correctly: ***en*** is used for most countries but ***au*** is used for masculine countries like *pays de Galles* or *Canada*
- use the correct article (***un*** or ***une***) and adjectival agreement with *appartement* / *maison*.

5 Écouter

Écoute. C'est quelle pièce? Écoute encore une fois et vérifie. (1–6)

Qu'est-ce qu'il y a
dans ta maison / ton appartement?
a la chambre
b la salle de bains
c le jardin
d le salon
e la salle à manger
f la cuisine

6 Écouter

Écoute et lis le texte. Puis copie et complète la traduction.

Dans ma maison, il y a trois pièces. Il y a un salon, une cuisine, et une chambre. Il y a aussi un grand jardin. Nous préparons le riz et le poisson dans la cuisine et nous mangeons dans le jardin. Nous aimons habiter ici parce que c'est tranquille.

In my house, there are **1** rooms. There is a **2**, a kitchen, and a **3**. There is also a big **4**. We prepare rice and **5** in the kitchen and we **6** in the garden. We **7** living here because it is **8**.

7 Parler

Prépare une présentation: Où habites-tu?

- J'habite en / au … dans un … appartement / une … maison.
- Il y a … pièces: une cuisine, …
- Dans le / la … nous regardons / jouons / mangeons …
- J'aime / Je n'aime pas habiter ici parce que … .

G

The pronoun ***nous*** means '**we**'.

The verb ending is ***–ons***.

With *manger*, an extra *–e–* is added: *nous mang**e**ons*.

Page 100

3 Qu'est-ce que tu manges au petit déjeuner?

- Talking about breakfast
- Using the partitive article (*du / de la / de l' / des*)

Écouter

1 Écoute et note ce qu'ils mangent. (1–7)

Exemple: **1** b, …

a un croissant
b du pain
c du pain grillé
d du beurre
e du lait
f du chocolat chaud
g du jus de fruits
h une tartine
i de la confiture
j de l'eau
k des céréales
l des œufs

Qu'est-ce que tu manges au petit déjeuner?

Je mange …
Je bois …
Je ne mange rien.
(rien = *nothing*)

The partitive article
(*du / de la / de l' / des*)
changes depending on the noun.

masculine	*du* pain
feminine	*de la* confiture
vowel or *h*	*de l'*eau
plural	*des* œufs

It is translated as 'some', or isn't translated at all.

*Je mange **du** pain et **de la** confiture.*

I eat **some** bread and **some** jam. /
I eat bread and jam.

Page 101

Parler

2 En groupe. Jeu de mémoire.

- *Au petit déjeuner je mange <u>un croissant</u> et je bois du chocolat chaud.*
- *Au petit déjeuner je mange un croissant et <u>des céréales</u> et je bois du chocolat chaud.*
- *Au petit déjeuner je mange un croissant, des céréales et <u>du pain grillé</u> et je bois du chocolat chaud.*

Écrire

3 Écris une réponse aux questions.

1 Qu'est-ce que tu manges et qu'est-ce que tu bois au petit déjeuner?
2 Et ton père / ta mère / …? Qu'est-ce qu'il/elle mange et qu'est-ce qu'il/elle boit?

G

*mang**er*** (to eat) is an –**er** verb.

Remember, 'we eat' is *nous mang**e**ons*.

boire (to drink) is an **irregular verb**:

je **bois**	I drink
tu **bois**	you drink
il/elle/on **boit**	he/she drinks / we drink
nous **buvons**	we drink
vous **buvez**	you drink (plural or polite)
ils/elles **boivent**	they drink

Page 139

4 Lis les textes, et copie et complète le tableau en anglais.

name	normal breakfast	weekend breakfast
Bella	bread, ...	

Au petit déjeuner, je mange du pain, du beurre et de la confiture. Je bois du chocolat chaud ou parfois un jus de fruits. Mais le weekend, mes frères et moi, nous mangeons un croissant ou un pain au chocolat: miam-miam!

BELLA

Au petit déjeuner, ma famille et moi, nous mangeons dans la cuisine. Je mange des céréales avec du lait et puis du pain grillé avec du Nutella. Je bois du jus de fruits. Le dimanche matin, je mange des œufs et du bacon. C'est bon!

HARRY

Normalement, je prends le petit déj' au collège. Je mange des céréales, du yaourt et un fruit et je bois de l'eau. Le weekend, ma mère et moi, nous mangeons du pain avec du beurre.

ALI

 5 Sondage. Pose les questions et note les réponses de tes copains.

- *Qu'est-ce que tu manges normalement au petit déjeuner?*
- *Je mange … / Je ne mange rien.*
- *Qu'est-ce que tu bois?*
- *Je bois … / Je ne bois rien.*
- *Et le weekend?*
- *Je mange … et je bois …*

 6 Lis l'article. Choisis le bon mot pour compléter chaque phrase. Puis écoute et vérifie. (1–5)

Quiz — Un petit déj' équilibré?

1 Les experts sont d'accord: le petit déjeuner est **extrêmement / assez / un peu** important.

2 Mais **25% / 46% / 75%** des adolescents en France <u>ne</u> mangent <u>pas</u> de petit déjeuner.

3 Le petit déjeuner français traditionnel n'est pas très **délicieux / équilibré / amusant**.

4 Dans le petit déjeuner traditionnel, il y a beaucoup de **calories / vitamines / fruits**.

5 Du muesli, du yaourt, et un fruit – ça, c'est un petit déjeuner **traditionnel / ennuyeux / équilibré**.

> **équilibré** *well-balanced / healthy*

 7 Fais un poster en français sur un petit déjeuner traditionnel ou un petit déjeuner équilibré.

4   On fait la fête!

Lire 1 Lis le texte et regarde les images. Traduis les mots **en gras** en anglais. Si nécessaire, utilise le glossaire.

Je m'appelle Dimitri. Aujourd'hui, c'est le 14 juillet.

En France, c'est **la fête nationale**. C'est l'anniversaire de la Révolution française en 1789.

C'est **un jour de congé** pour la famille.

Au petit déjeuner, nous mangeons des pains au chocolat ou des croissants: miam-miam!

Le matin, nous regardons **le défilé militaire** à la télé. 4 000 militaires paradent devant le président.

S'il fait beau, ma famille et moi, nous faisons un pique-nique avec mes grands-parents. Il y a du **poulet**, de la salade, et une tarte aux **prunes**.

Le soir, il y a **un bal** au centre-ville. C'est très amusant.

Nous écoutons l'orchestre et nous **faisons la fête** jusqu'à 23h!

Puis, à 23h, nous regardons **le feu d'artifice**. Après, nous rentrons à la maison. Le 14 juillet, c'est mon jour de l'année préféré.

Lire 2 Trouve ces verbes dans le texte.

- **a** we eat
- **b** we have a picnic
- **c** we listen to
- **d** we watch
- **e** we go home

- First, use the strategies you have learned (e.g. picture clues, cognates, context) to try to work out meaning. Use the glossary to check your own idea or to find a word which you cannot work out.
- The glossary starts on page 140 and is in alphabetical order. Look words up using their first letter.
- To find a verb, look up the infinitive. For example, you won't find *faisons* but you will find *faire*.

Écouter 3 Écoute et identifie le bon verbe de l'exercice 2. (1–5)

Exemple: **1** b

Nous means 'we' and the verb that goes with it ends in *–ons*.

4 **Relis le texte de l'exercice 1 et corrige les erreurs.**

1 Le 15 juillet, en France c'est la fête nationale.
2 Au petit déjeuner, ils mangent des céréales.
3 Le matin, ils regardent un match de foot à la télé.
4 À midi, ils mangent du pain, de la salade, et une tarte aux prunes.
5 Le soir, le bal est très ennuyeux.
6 À 23h, ils regardent un film.

5 **Écoute et note: *nous* ou *ils/elles*? (1–6)**
Listen and note down if these people are talking about themselves (using 'nous') or their friends (using 'ils/elles').

Exemple: 1 ils

Listen out for the <u>pronoun</u> and the <u>verb ending</u>.

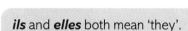

ils and *elles* both mean 'they'. **G**
The *–er* verb ending for *ils/elles* is *–ent*.
*ils regard**ent*** they watch

The ending *–ent* is not pronounced, so *il regard**e***
and *ils regard**ent*** sound exactly the same.

Page 101

6 **Copie et choisis le bon verbe pour compléter le texte.**

Think about whether the writer is writing about herself and others (*nous*) or <u>more than one other person</u> (*ils/elles*).

❶ Je m'appelle Ambre et le 14 juillet, nous **quittons / quittent** la maison à 6h30.

❷ Nous **voyageons / voyagent** en train. À Paris nous **regardons / regardent** le défilé militaire.

❸ À midi, nous **mangeons / mangent** au restaurant avec mon parrain et ma marraine parce qu'ils **habitons / habitent** à Paris.

❹ Puis ma famille et moi, nous **rentrons / rentrent** à la maison.

❺ L'après-midi, mes parents **travaillons / travaillent** dans le jardin. Mes frères et moi, nous **jouons / jouent** avec les voisins.

❻ À 23h, nous **regardons / regardent** le feu d'artifice.

7 **Relis le texte de l'exercice 6. Fais une liste des mots inconnus et cherche ces mots dans le glossaire.**
Make a list of words you don't know from the text in exercise 6. Then use the glossary to find out what they mean.

Exemple: voyager – to travel

5 # Une drôle de famille

- Creating a cartoon family
- Substituting words to make texts your own

Lire 1 Lis et complète le texte avec les mots de gauche.

La famille de Cédric

©DUPUIS, FRANCE 3, CANAL J, DUPUIS FILMS

> Cartoon books and TV series like *Cédric* are very popular in France. You can watch *Cédric* on YouTube.

Cédric habite dans une grande maison avec ses parents et son grand-père.

le grand père

1 a 8 ans. Il a les cheveux blonds et des taches de rousseur. Il porte un tee-shirt vert et blanc. Il est <u>grincheux</u> et il n'est pas très <u>studieux</u>. Il adore ses copains Chen et Christian.

Cédric

le père

Pépé, **2** , est très <u>marrant</u>. Il a les cheveux gris et une grande moustache grise. Il aime regarder la télé.

La mère s'appelle Marie-Rose. Elle est grande et elle a les

cheveux blonds

3 . Elle adore Cédric mais elle est aussi un peu <u>sévère</u>.

4 s'appelle Robert. Il est grand et <u>maigre</u>. Il a les cheveux noirs. Il crie beaucoup parce qu'il est souvent <u>furieux</u>.

Lire 2 **Trouve et note les six adjectifs soulignés dans le texte. Traduis les adjectifs en anglais. Si nécessaire, utilise le glossaire.**

Exemple: <u>grincheux</u> – grumpy

Lire 3 **Prends des notes en anglais sur les quatre membres de la famille.**

Exemple: Marie-Rose: Cédric's mother; tall, blond hair, …

Écouter 4 **Écoute la description de Chen et complète les phrases en français.**

1 Chen est …   **3** Elle porte …
2 Elle a …   **4** Elle aime …

joli(e)   pretty

5 **Starting with the model sentence below, change the word(s) you need to in order to translate the sentences into French.**

Cédric habite dans une grande maison.

Exemple: **1** Il habite dans une grande maison.

1 He lives in a big house.
2 She lives in a big house.
3 She lives in a small house.
4 They live in a big house.
5 Robert and Marie-Rose live in a big house.
6 She lives in a big flat.

When you are adapting a text, sometimes you can just substitute one word for another. However, if you change nouns and personal pronouns, you need to think about verb forms and adjectival agreement.

Cédric lives in a big house. ➡ ***Cédric** habit**e** dans **une grande maison**.*
Cédric and Grandpa live in a big flat. ➡ ***Cédric et Pépé** habit**ent** dans **un grand appartement**.*

6 **Find and correct the mistake in each sentence.**
What kind of mistake is it: verb (V) or adjective (A)?

Christian, le copain de Cédric

1 *Il s'apple Christian.*

2 *Il porter des lunettes.*

3 *Il est petite.*

4 *Il a les cheveux noir.*

5 *Il a très amusant.*

6 *Il aime mange des croissants.*

7 **Adapte le texte pour inventer une nouvelle famille de bande dessinée.**
Présente ta famille à la classe.

La famille Kangourou habite dans une petite maison en Australie.

La mère s'appelle Kylie Kangourou. Elle est grande. Elle a les cheveux blonds et bouclés et les yeux marron. Elle est intelligente et forte.

Au petit déjeuner, la famille Kangourou mange du pain et de la confiture.

Adapt the sentences by replacing the underlined words with your own. Then check your work for accuracy:

• Have you used the correct verb forms?
• Do your adjectives agree?
• Have you checked the spelling of words you often get wrong?

Bilan

P

I can ...
- say what pet I have: .... *J'ai un chat. Je n'ai pas d'animal.*
- count up to 100: .... *trente-six, soixante-et-onze, cent*

1

I can ...
- talk about family members: .... *Dans ma famille, il y a mon père / ma belle-mère.*
- describe what people look like: .... *Il a les yeux verts. Elle est grande.*
- ▪ use the possessives '**my**' and '**your**' correctly: .... **mon** / **ton** frère, **ma** / **ta** sœur, **mes** / **tes** parents

2

I can ...
- describe where I live: .... *J'habite dans un grand appartement.*
- talk about rooms: .... *Il y a un salon / une salle de bains.*
- ▪ use –**er** verbs with **nous**: .... *nous **habitons**, nous **mangeons***

3

I can ...
- say what I eat and drink for breakfast: .... *Au petit déjeuner je mange du pain et je bois de l'eau.*
- ▪ use the partitive article: .... **du** *pain,* **de la** *confiture,* **de l'**eau, **des** *céréales*

4

I can ...
- understand information about Bastille Day: .... *Le 14 juillet, c'est la fête nationale.*
- ▪ understand –**er** verbs with **nous** and **ils/elles**: .... *nous **écoutons**, ils **regardent**, elles **mangent***
- look words up in the glossary: .... *défilé militaire, feu d'artifice*

5

I can ...
- describe an imaginary family: .... *La mère s'appelle Marie-Rose. Elle adore Cédric mais elle est aussi un peu sévère.*
- adapt texts by substituting words: .... *Cédric habite ... / Cédric et Pépé habitent ...*

Révisions

1 Are these family members male or female? Would you use *mon* or *ma* with each one?

sœur   beau-père   frère   grand-mère   demi-sœur

belle-mère   mère   demi-frère

2 List at least <u>five</u> rooms in your house. Can you remember the gender as well? Check your list by looking at the *Vocabulaire* on page 102.

3 You go food shopping with your friend. Write in English what's on your list. Then add to your list at least <u>four</u> more items in French.

du pain   du beurre   du lait   six œufs

Get set

4 In pairs. Read these words aloud, correcting each other's pronunciation if needed. Then find rhyming pairs using one word from each box.

| père | vingt | chats | yeux | | roux | ma | maison | tes |
| habitons | mes | cui-cui! | hou-hou! | | bleus | fruits | lapins | frère |

5 Who is it?

a Il a les yeux bleus et les cheveux blonds et courts.

b Il a une barbe et il porte des lunettes.

Florence   Émile   Kévin   Nathan   Johnny

6 In pairs. Take turns to describe <u>one</u> of the people in the game. Your partner guesses who it is. If you need help, look at the *Vocabulaire* on page 102.

Colette   Léa   Claude   Adèle   Nicole

Go!

7 Translate this sentence into French. Then write at least <u>six</u> more similar French sentences, changing the subject pronoun and verb ending, the house type and/or the country.

We live in a big house in England.

8 In pairs. Use the pronoun *ils* to list things French people do on Bastille Day. If you need help, look at the *Vocabulaire* on page 103.

En focus

 Écoute et choisis la bonne image (a–f). Écoute encore une fois et note si l'opinion est positive 😃 ou négative 😟. (1–6)

Exemple: **1** c 😟

 a

 b

 c

 d

 e

 f

 Écoute l'interview avec Emma et réponds aux questions en anglais.

1 What does she say about her pets? [2 details]
2 What do her pets like doing? [1 detail]
3 What does she say about her favourite room? [2 details]
4 What does she say about breakfast? [2 details]

 Jeu de rôle. En tandem. Lis la conversation à haute voix. Complète la conversation avec tes propres réponses.

What are you talking about in this scenario? **Who** are you talking to?

Tu discutes de ta famille avec ton copain/ ta copine français(e).

- *Est-ce que tu habites dans une maison ou dans un appartement?*
- *J'habite dans …*
- *Il y a combien de pièces?*
- *Il y a … pièces: une cuisine, …*
- *Est-ce que tu aimes ta maison / ton appartement?*
- *J'aime / Je n'aime pas … parce que …*
- *Qu'est-ce que tu manges au petit déjeuner?*
- *Je mange … et je bois …*
- *Ah, c'est délicieux!*
- *As-tu un animal?* ◄—— In a role play conversation, it is nice to ask questions as well as answer them!
- *Oui, j'ai un chat.*

4 Description d'une photo. Regarde la photo et prépare tes réponses aux questions. Puis écoute et réponds.

This question is about **your** family.

• *Qu'est-ce qu'il y a sur la photo?*
▪ *Sur la photo, il y a …*
• *Il y a combien de personnes dans ta famille?*
▪ *Dans ma famille, il y a … personnes: mon … / ma …*
• *Décris-moi une personne dans ta famille.*
▪ *Mon frère / Ma mère s'appelle … Il/Elle a … / Il/Elle est …*

5 Lis le texte et décide si chaque phrase est vraie (V) ou fausse (F).

Au Canada, la fête nationale est le 1er juillet. Ma famille et moi, nous mangeons des crêpes au petit déjeuner et nous buvons du chocolat chaud: miam-miam! Puis nous regardons le défilé: c'est très amusant. Après, mes petits frères jouent à des jeux vidéo et moi, je tchatte en ligne avec mes copains. Le soir, nous mangeons au restaurant avec mes grands-parents. Il y a un grand feu d'artifice à 23h30 et mes frères et moi, nous prenons des selfies. **Julie**

1 La fête nationale du Canada est le 1er octobre.
2 Au petit déjeuner, Julie mange du pain et elle boit du chocolat chaud.
3 Julie aime regarder le défilé.
4 Après, Julie joue à des jeux vidéo.
5 Ils mangent au restaurant.
6 Il y a un grand feu d'artifice à onze heures et demie.

6 Traduis les phrases en anglais.

1 Mon beau-père s'appelle Louis.
2 Il a quarante-et-un ans.
3 Il a les cheveux gris et les yeux marron.
4 Nous habitons dans une grande maison en Belgique.
5 Au petit déjeuner nous mangeons du pain et de la confiture.

7 Lis le message. Tu es Alex. Utilise les détails pour écrire une réponse à Charlie.

Coucou! Je m'appelle Charlie et j'ai treize ans.
Je suis grand. J'ai les cheveux blonds et courts et les yeux bleus.
Dans ma famille, il y a mon père, ma belle-mère, mon frère et moi.
J'ai deux cochons d'Inde et un lapin.
Nous habitons dans un grand appartement.
Il y a six pièces: un salon, une cuisine, une salle de bains et trois chambres.
Et toi?

Name: *Alex*   Age: *12*
Description:
small, long brown hair, green eyes
Family:
mum, dad, sister, brother
Pets:
dog, 2 cats
Home:
small house (3 bedrooms, kitchen, living room, bathroom, dining room)

Use what you have learned about <u>adapting texts</u> and <u>substituting</u> words to help you do this task.

En plus

1 Lis l'article. Qui parle?

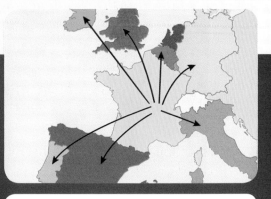

Environ 1 million de Français habitent dans un pays différent en Europe.

Timéo habite dans un grand appartement moderne à Bristol. La famille habite en Angleterre parce que sa mère travaille chez EDF. Timéo aime habiter à Bristol parce qu'il adore le collège et parce qu'il a beaucoup de copains anglais.

Louna habite avec ses parents, sa sœur et son frère dans un appartement à Madrid. Son père travaille chez Zara. Dans l'appartement, il y a trois chambres et un petit balcon. Au petit déjeuner, Louna aime manger des churros espagnols.

Jade habite à Bruxelles parce que ses parents travaillent au Parlement européen. Ils habitent dans une grande maison et il y a onze pièces. Jade a deux chiens et deux chats. Elle aime habiter à Bruxelles parce que c'est très animé et parce qu'il y a beaucoup à faire.

travailler to work

1 J'adore le petit déjeuner espagnol.
2 Mes parents travaillent en Belgique.
3 Il y a cinq personnes dans ma famille.
4 J'aime habiter en Angleterre.
5 Mon appartement a un balcon.
6 Mon père travaille en Espagne.
7 J'ai quatre animaux.
8 Je pense que mon collège est top.

2 **Écoute et écris des notes sur Axel en anglais.**

Exemple: Axel lives in a big house in …

3 **Prépare une présentation sur Noémie. Utilise les notes.**

Lives in small house in Aberdeen, Scotland; lives with her family (parents, two brothers); small house with six rooms; dad works for Total; likes living in Aberdeen: it's lively and there's a lot to do.

Did you spot the words for 'his' and 'her' in the texts in exercise 1? You will need to use them when you talk about Noémie. Copy and fill in the grid.

	masculine nouns	feminine nouns	plural nouns
my	mon	ma	mes
your	ton	ta	tes
his/her	?	?	?

4 Imagine que tu habites en France avec ta famille. Écris un texte: utilise *je* et *nous*.

Include:

- where you live (choose a town)
- who you live with (family members, pets)
- where your parent(s) work(s)
- what your house or flat is like (size, rooms)
- your opinion of living in France (and reasons)

5 En groupe. Lis les problèmes et trouve le bon emoji pour chaque personne.

Dis-moi tes problèmes ...

Nous habitons dans un appartement. Je voudrais avoir un chat ou un petit chien, mais ma mère dit <u>non</u>. Elle pense que l'appartement est trop petit et qu'il n'y a pas de place. C'est triste. • **Awa**

Le 14 juillet, ma famille et moi, nous regardons la télé dans le salon. Mes copains dansent au bal et regardent le feu d'artifice, mais moi, je ne fais <u>rien</u>. C'est ennuyeux. • **Clément**

Je ne mange rien au petit déjeuner. Mes parents pensent que le petit déjeuner est très important mais je ne suis pas d'accord. Quelle est ton opinion? • **Jules**

Ce n'est pas juste! Ma grande sœur, qui a 20 ans, a des tatouages très cool. Je voudrais aussi des tatouages. problème? Mes parents disent <u>non</u> parce que j'ai seulement 12 ans et parce que je ne suis pas adulte! • **Lola**

| *je voudrais* | *I would like* |

6 En groupe. Relis les textes et résume chaque problème en anglais.

7 Écoute les solutions. C'est la solution pour quelle personne? (1–4)

You won't understand everything: just pick out key words so you can link the solution to one of the problems.

8 Traduis le problème en français.

We live in a small house but there is no garden. There are three bedrooms but I have three brothers and a sister. I have a cat and a big dog. I love playing football but the house is too small and there is no space! **Henri**

You can find most of the key structures you need in the texts in exercise 5.

Grammaire

Possessive adjectives ('my' and 'your')
(Unit 1, page 84)

1 Copy and complete the text with the correct words for 'my'.

> J'habite avec **1** parents. **2** père s'appelle Serge et **3** mère s'appelle Claudine. J'ai deux petits frères. J'adore **4** petits frères! J'ai aussi un oncle. **5** oncle s'appelle Antoine. J'habite dans une grande maison. **6** maison est à Paris.

Possessive adjectives such as 'my' and 'your' change according to the number (singular / plural) and gender (masculine / feminine) of the noun they accompany.

	masculine	feminine	plural
my	*mon*	*ma*	*mes*
your	*ton*	*ta*	*tes*

mon frère (my brother)
ma sœur (my sister)
mes parent**s** (my parents)

 For <u>any</u> singular nouns which begin with a vowel or *h*, use *mon* or *ton*.

Mon ami**e** habite en France.

2 Translate each question (1–5) into English. Then match it up with the correct answer (a–e).

1 Comment s'appelle ta grand-mère?
2 Quel âge a ton père?
3 Quelle est la date de ton anniversaire?
4 Où est ton collège?
5 Est-ce que tes profs sont sympa?

a Mon père a 44 ans.
b Mon anniversaire, c'est le 21 juin.
c Non, mes profs sont trop sévères.
d Ma grand-mère s'appelle Sandrine.
e Mon collège est en France.

3 Now write your own answers to the questions in exercise 2.

> You will often hear or see the word 'your' (**ton**, **ta** or **tes**) in a question. When you answer, remember to use 'my' (**mon**, **ma** or **mes**) instead.

Plural verb forms: using *nous* (Unit 2, page 87)

4 Change the endings on the verbs, then translate them into English.

Example: **1** nous regardons – *we watch / we are watching*

1 nous (regarder) **5** nous (travailler)
2 nous (aimer) **6** nous (penser)
3 nous (jouer) **7** nous (manger)
4 nous (parler) **8** nous (voyager)

Nous means 'we'. For regular –*er* verbs, the verb ending is –*ons*: **nous habitons**.

If the infinitive ends in –**ger**, an extra *e* is added: **nous mangeons**.

Plural verb forms: using *ils* and *elles*
(Unit 4, page 91)

5 Copy and complete each sentence with the correct word for 'they'.

1 J'ai trois sœurs.   habitent en France.
2 J'ai deux frères et une sœur.   jouent au foot.
3 J'ai un chien et un chat.   mangent beaucoup.
4 Ma mère et ma sœur habitent en Écosse.   aiment l'Écosse.
5 J'ai une tortue et un serpent.   adorent ma famille.

> *Ils* and *elles* mean 'they'. For regular *–er* verbs, the verb ending is *–ent*: *ils* mang**ent**.
>
> Use *ils* for two or more males, masculine nouns or a mixed group of males and females.
>
> Use *elles* for two or more females or feminine nouns.
>
> *J'ai deux frères. **Ils** s'appellent …*
> *J'ai un frère et une sœur. **Ils** s'appellent …*
> *J'ai deux sœurs. **Elles** s'appellent …*

6 Find these *ils/elles* verb forms in the word snake.

elledétestentilsjouentellesmangentilsaimentilsregardentelleshabitentellesdiscutent

1 they watch   **2 they eat**   **3 they play**   4 they like

5 they chat   6 they hate   **7 they live**

The partitive article (Unit 3, page 88)

7 Translate these sentences into English.

1 Au petit déjeuner je mange du pain grillé avec du Nutella.
2 À la cantine nous mangeons du poisson avec de la salade.
3 J'ai de la limonade et des bananes dans mon sac.
4 Pour le pique-nique, il y a du pain, du poulet, des tomates et de l'eau minérale.
5 Il y a du beurre, du bacon et des œufs dans le réfrigérateur.

8 Copy and complete the text with the correct partitive articles.

Au petit déjeuner, nous mangeons **1** pain avec **2** confiture et **3** beurre. Le weekend, je mange **4** croissants ou **5** pains au chocolat. À midi, je mange **6** sandwichs et je bois **7** eau ou **8** Orangina.

> The partitive article is the word for 'some'. This changes according to the number (singular / plural) and gender (masculine / feminine) of the noun it accompanies.

masculine	*du* pain
feminine	*de la* confiture
vowel or *h*	*de l'*eau
plural	*des* œufs

> French nouns <u>always</u> need an article (e.g. 'the' / 'a' / 'some') in front of them. But when you are translating, you don't always need to translate the partitive article.
>
> *J'ai **du** poulet et **des** chips pour le pique-nique.*
> I have **chicken** and **crisps** for the picnic.
>
> If a noun begins with a vowel or *h*, or is plural, you don't need to know its gender to get the right word for *some*.

Vocabulaire

Point de départ (pages 82–83)

le pays de Galles	Wales	un cochon d'Inde	a Guinea pig
le Portugal	Portugal	un hamster	a hamster
la Belgique	Belgium	un lapin	a rabbit
la France	France	un lézard	a lizard
la Grèce	Greece	un oiseau	a bird
la Pologne	Poland	un poisson	a fish
la Suisse	Switzerland	un serpent	a snake
l'Allemagne	Germany	Je n'ai pas d'animal.	I don't have a pet.
l'Angleterre	England	vingt	20
l'Écosse	Scotland	trente	30
l'Espagne	Spain	quarante	40
l'Irlande	Ireland	cinquante	50
l'Irlande du Nord	Northern Ireland	soixante	60
l'Italie	Italy	soixante-dix	70
As-tu un animal?	Have you got a pet?	quatre-vingts	80
J'ai …	I have …	quatre-vingt-dix	90
un chat	a cat	cent	100
un chien	a dog		

Unité 1 (pages 84–85) *Décris-moi ta famille*

la famille	family	de taille moyenne	medium-sized
la famille d'accueil	foster family	il/elle a les yeux …	he / she has … eyes
le (beau-)père	(step-)father	bleus / verts / marron	blue / green / brown
le grand-père	grandfather	il/elle a les cheveux …	he/she has … hair
le (demi-)frère	(half/step-)brother	noirs / blonds	black / blond
le fils / la fille	son / daughter	roux / gris / bruns	red / grey / brown
la (belle-)mère	step-mother	courts / longs / mi-longs	short / long / medium-length
la grand-mère	grandmother		
la (demi-)sœur	(half/step-)sister	bouclés / raides	curly / straight
les parents	parents	une barbe	a beard
il/elle est …	he/she is …	des taches de rousseur	freckles
petit(e)	small	des tatouages	tattoos
grand(e)	tall	il/elle porte des lunettes	he/she wears glasses

Unité 2 (pages 86–87) *Où habites-tu?*

Où habites-tu?	Where do you live?	confortable	comfortable
J'habite …	I live …	trop petit	too small
en Angleterre	in England	Il n'y a pas de place.	There's no space / room.
au pays de Galles	in Wales	le salon	the living room
dans un appartement	in a flat	la cuisine	the kitchen
dans une maison	in a house	la chambre	the bedroom
J'aime habiter ici.	I like living here.	la salle de bains	the bathroom
Je n'aime pas habiter ici.	I don't like living here.	la salle à manger	the dining room
C'est …	It's …	le jardin	the garden
tranquille	peaceful		
grand	big		

Unité 3 (pages 88–89) *Qu'est-ce que tu manges au petit déjeuner?*

Qu'est-ce que tu manges au petit déjeuner?	*What do you have for breakfast?*	de la confiture	*jam*
Je mange …	*I eat …*	des céréales	*cereal*
un croissant	*a croissant*	des œufs	*eggs*
un fruit	*a piece of fruit*	Je bois …	*I drink …*
du pain (grillé)	*(toasted) bread*	du jus de fruits	*fruit juice*
du beurre	*butter*	du chocolat chaud	*hot chocolate*
du bacon	*bacon*	du lait	*milk*
du yaourt	*yoghurt*	de l'eau	*water*
une tartine	*a slice of bread with jam or spread*	Je ne mange rien.	*I don't eat anything.*

Unité 4 (pages 90–91) *On fait la fête!*

le 14 juillet	*Bastille Day*	un bal	*a dance*
la fête nationale	*national holiday*	regarder un feu d'artifice	*to watch fireworks*
un jour de congé	*a day off*	faire un pique-nique	*to have a picnic*
un défilé (militaire)	*a (military) parade*	faire la fête	*to celebrate*

Unité 5 (pages 92–93) *Une drôle de famille*

grincheux(-se)	*grumpy*	furieux(-se)	*angry*
studieux(-se)	*studious*	il habite	*he lives*
marrant(e)	*funny*	elle habite	*she lives*
sévère	*strict*	ils habitent	*they live*
maigre	*thin*		

Les mots essentiels *High-frequency words*

Pronoun
nous .... *we*

Prepositions
de .... *of*
dans .... *in*
à .... *in/at*

Other useful words
du/de la/de l'/des .... *some*
(ne) … rien .... *nothing*

Stratégie 4

Cognates and near-cognates

1 Cognates may have the same spelling in French and English, but don't forget to learn them! You need to learn them with the correct article, e.g. **le** Portugal, **des** céréales.

2 Watch for small differences in spelling between English and French e.g. app**ar**tement, chocol**at**. Try to spot patterns: -ic is -*ique* in words like p**ique-nique**; -y is -*ie* in words like Ital**ie**.

3 Remember that the pronunciation might sound quite different to the spoken English form. How do you pronounce these cognates?

France   Portugal   hamster   parents   fruits

Module 5 — En ville

1 À Paris. C'est quelle attraction?

1 C'est une grande cathédrale célèbre.

2 C'est un grand musée avec une pyramide.

3 C'est une série de tunnels avec des millions d'os humains.

4 C'est une grande tour très célèbre, le symbole de Paris.

5 C'est une belle église blanche.

6 C'est un tableau de Leonardo da Vinci qui s'appelle 'The Mona Lisa' en anglais.

> Paris is one of the top tourist destinations in the world. It has something for everyone: history, art, fashion, music, film, theatre, shopping … And some of the most famous monuments in the world. Surprisingly, though, the most visited monument in Paris is not the Eiffel Tower. What do you think it is?

célèbre	famous
os	bones

la tour Eiffel

la Joconde

le Sacré-Cœur

le Louvre

les Catacombes

Notre-Dame

2 C'est a, b ou c?

1 Un habitant de Paris s'appelle …

  a un parachute.
  b un parapluie.
  c un Parisien.

2 Le fleuve à Paris s'appelle …

  a l'Amazone.
  b la Seine.
  c le Rhin.

3 Le système de transport souterrain de Paris s'appelle …

  a le métro.
  b le subway.
  c le tube.

3 C'est quelle photo?

1 un diabolo menthe

2 un croquemonsieur

3 un Orangina

4 une grenadine à l'eau

5 une crêpe au sucre

Most French cafés serve alcoholic and non-alcoholic drinks. You have to be over 16 to go in without an adult. You will find some things on the menu you might not find in a British café! Can you work out the snacks and drinks in exercise 3?

a pomegranate cordial with water

b plain pancake sprinkled with sugar

c grilled cheese and ham sandwich

d mint cordial with lemonade

e fizzy orange drink

4 Tu choisis quels parfums? Tu as droit à trois boules!

Les glaces

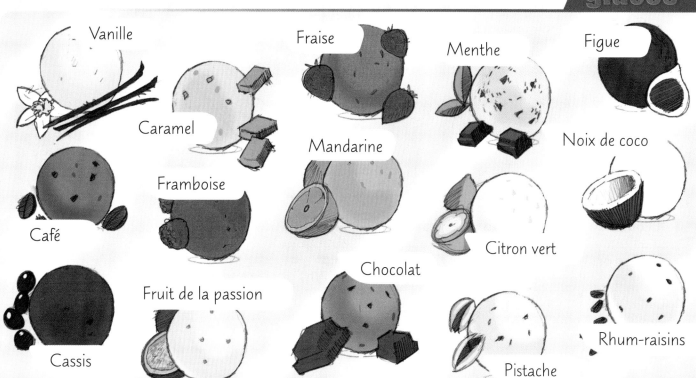

Vanille
Caramel
Framboise
Café
Cassis
Fruit de la passion
Fraise
Mandarine
Chocolat
Menthe
Citron vert
Pistache
Figue
Noix de coco
Rhum-raisins

Point de départ

1 Écoute et complète la chanson.
Écris la bonne lettre.

Il y a un/une/des … There is **a** … / There are **some** …
Il n'y a pas de … There isn't **a** … / There aren't **any** …

Dans ma ville, il y a 1 **,**

Un centre de loisirs et 2 **.**

Il y a aussi un grand centre commercial,

Mais il n'y a pas de 3 **– et faire du patin, c'est génial!**

Dans mon village, il y a 4 **,**

Avec 5 **– c'est très, très beau.**

Il y a 6 **et un petit café,**

Mais il n'y a pas de 7 **– et moi, j'adore nager!**

a un café

b un centre commercial

c un centre de loisirs

d un château

e un musée

f un marché

g une piscine

h une patinoire

i une mosquée

j des magasins

2 Écoute. Copie et complète le tableau. (1–3)

	town or village?	there is …	there isn't …	opinion (P, N or P/N)
1				

J'habite dans **une** grande/petite ville.
un grand/petit village.

J'aime
J'adore — habiter ici
Je n'aime pas — parce que
Je déteste — c'est …

amusant.
ennuyeux.
génial.
intéressant.
nul.

3 En tandem. Décris les villes. Ajoute une opinion.

Qu'est-ce qu'il y a dans ta ville?

- *Qu'est-ce qu'il y a dans ta ville?*
- ■ *Il y a un château et un/une/des … mais il n'y a pas de … J'adore habiter ici parce que c'est amusant.*

Dans ma ville, il y a un/une/des …
Il n'y a pas de …

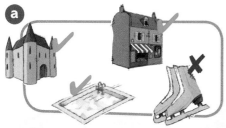

4 Copie et complète les phrases. Utilise tes propres idées.

1 J'adore mon village parce que c'est assez …
2 Je déteste ma ville parce que c'est trop …
3 J'habite dans une grande ville et c'est très …
4 J'aime habiter ici, mais c'est un peu …
5 Dans ma ville, il n'y a pas de piscine et c'est … parce que j'aime nager.

5 Décris ta ville / ton village et donne une opinion.

J'habite dans une petite ville. Dans ma ville, il y a un/une/des …, mais il n'y a pas de … J'aime habiter ici parce que c'est …

The currency in France is the euro (pronounced 'euh-ro' in French).

The euro symbol is €. There are 100 cents in a euro. Prices are written like this, with a comma between the euros and the cents: 3,50€ (trois euros cinquante).

6 Écoute et regarde les prix. On parle de quelle attraction? (1–4)

a Bowling Grande Strike!
Prix spécial grandes vacances: 2,50€ (+ chaussures: 1,80€)

b PISCINE PLEIN AIR
Enfants (moins de 14 ans)
3,20€
Aquaplouf

c Château de Bonneville
Adultes: 9,50€   Enfants: 7,00€

d Patinoire
La Grande Glissade
lundi–vendredi: 4,70€
samedi–dimanche: 5,10€

C'est combien, l'entrée? *How much is it to get in?*

Où vas-tu le weekend?

- Saying where you go at the weekend
- Using the verb *aller* (to go)

Écoute et lis. Associe chaque personne avec la bonne route sur le plan. (1–3)

Où vas-tu le weekend?

> Le samedi matin, je vais au parc ou à la plage.
> Le samedi après-midi, je vais au stade –
> j'adore le foot!
> Le samedi soir, je vais au cinéma.
> **Hugo**

> Le dimanche matin, je vais à l'église
> avec mes parents.
> Le dimanche après-midi, je vais au
> bowling ou à la piscine.
> Le dimanche soir, je reste à la maison.
> **Lorrianne**

> Le samedi matin, je vais à la plage avec ma
> copine, Coralie. L'après-midi, on va au cinéma
> ou aux magasins.
> On ne va pas au bowling parce que c'est ennuyeux.
> **Océane**

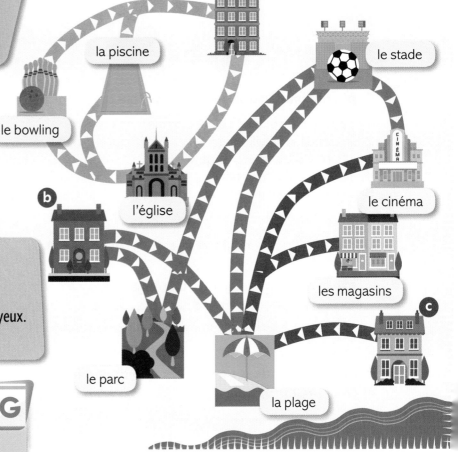

G

The verb *aller* (to go) is irregular:

je **vais**	I go
tu **vas**	you (singular) go
il/elle/on **va**	he/she goes / we go
nous **allons**	we go
vous **allez**	you (plural or polite) go
ils/elles **vont**	they go

To say where you go with your friends, you can use **on va** … or **nous allons** … (we go …).

Page 124

à + *le* = *au*	le parc ➡	Je vais **au** parc.
à + *la* = *à la*	la plage ➡	Il va **à la** plage.
à + *l'* = *à l'*	l'église ➡	Nous allons **à l'**église.
à + *les* = *aux*	les magasins ➡	Elles vont **aux** magasins.

Relis les textes de l'exercice 1. Copie et complète les phrases en anglais.

1 On Saturday mornings, Hugo goes … or …
2 On Saturday afternoons, he goes …
3 On Sunday mornings, Lorrianne goes …
4 On Sunday evenings, she …
5 On Saturday afternoons, Océane and Coralie go …
   or …
6 They don't go … because it's …

<u>At</u> the weekend: *le weekend*

on Saturday mornings	*le samedi matin*
on Saturday afternoons	*le samedi après-midi*
on Saturday evenings	*le samedi soir*

3 Écoute. Copie et complète le tableau. (1–4)

	when?	where?	any other details
1	Sat. mornings Sat. afternoons	shopping centre café	– with friends

4 Fais un sondage de classe. Note les résultats.

- *Où vas-tu le weekend?*
  - *Le samedi matin, je vais au centre de loisirs avec mes copains, ou …*
- *Et le dimanche?*
  - *Le dimanche après-midi, je … avec …*

Attention!

ou or
où where

Le samedi	matin,	je vais au / à la / à l' / aux …
Le dimanche	après-midi, soir,	

5 Écris un paragraphe sur les résultats de ton sondage.

Le samedi matin, <u>une personne</u> **va** au parc. <u>Trois personnes</u> **vont** aux magasins …

6 Lis le texte et réponds aux questions en anglais.

J'habite à Paris, la capitale de la France! Il y a beaucoup de touristes ici à Paris. Ils vont à la tour Eiffel, à la cathédrale Notre-Dame ou au musée du Louvre.

Moi, je suis fan d'art moderne et le samedi après-midi, je vais au Centre Pompidou. C'est un grand musée d'art moderne.

Mon père préfère le sport. Il va au stade du Parc des Princes parce qu'il est supporteur du PSG!

Mes grands-parents et moi adorons l'histoire et le dimanche après-midi, nous allons au château de Versailles. C'est un grand palais avec des jardins magnifiques.

J'adore habiter ici! Et toi? Où vas-tu le weekend?

Noah

le Centre Pompidou

le Parc des Princes

le château de Versailles

> **PSG (Paris Saint-Germain)** *one of the Paris football teams*

1 Name three places in Paris that Noah says tourists go to.
2 Why does Noah go to the Pompidou Centre?
3 Where does Noah's father go on Saturday afternoons?
4 When do Noah and his grandparents go to the Palace of Versailles?
5 Why do they go there?
6 How does Noah feel about living in Paris?

Try to find five different parts of the verb **aller** in the text in exercise 6 and translate them into English.

7 Traduis en anglais le deuxième et le troisième paragraphe du texte de l'exercice 6.

Tu veux aller au café?

- Inviting someone out
- Using the verb *vouloir* (to want)

1 Écoute et lis. Pour chaque dialogue, écris des notes en anglais.

a Where is the invitation to?
b Is it accepted (✓) or not (✗)?

1 Bonne idée! Je veux bien, merci!

Tu veux aller au centre de loisirs?

2 Tu veux aller à la piscine?

Non, merci. Je ne veux pas.

3 Tu veux aller à la plage?

Tu rigoles! C'est nul!

4 Tu veux aller au musée?

D'accord. Pourquoi pas?

2 Lis les textes. Note les détails de chaque invitation en anglais: où et quand. (1–3)

Exemple: Lila: café, this morning, …

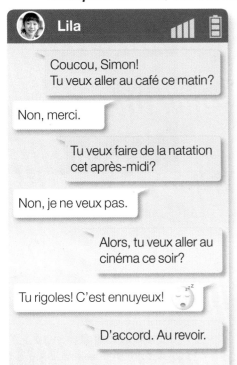

Lila

Coucou, Simon!
Tu veux aller au café ce matin?

Non, merci.

Tu veux faire de la natation cet après-midi?

Non, je ne veux pas.

Alors, tu veux aller au cinéma ce soir?

Tu rigoles! C'est ennuyeux!

D'accord. Au revoir.

Amir

Salut, Lila! Je veux aller à la patinoire ce weekend. Tu veux venir?

Ah, oui! Je veux bien, merci!

Tu veux manger une glace après?

Bonne idée! À bientôt!

Simon

Bonjour, Amir.
Tu veux jouer au foot aujourd'hui?

Désolé. Je veux aller à la patinoire, avec Lila.

venir	to come
désolé(e)	sorry
après	after(wards)

aujourd'hui	today
ce matin	this morning
ce soir	this evening
ce weekend	this weekend
cet après-midi	this afternoon

3 Trouve dans le texte de l'exercice 2 <u>sept</u> exemples du verbe *vouloir* + l'infinitif.

Find <u>seven</u> examples of vouloir + *the infinitive and read them aloud.*

Exemple: Tu <u>veux aller</u> au café?

4 Lis les instructions et écris un dialogue.

In your dialogue:
- One person invites someone else to do something.
- Include two rejections and one acceptance.
- Use the exercise 2 messages as a model.

> **G**
>
> *vouloir* (to want) is an irregular modal verb. It is usually followed by an infinitive.
>
> | je **veux** | I want |
> | tu **veux** | you (singular) want |
> | il/elle/on **veut** | he/she wants / we want |
> | nous **voulons** | we want |
> | vous **voulez** | you (plural or polite) want |
> | ils/elles **veulent** | they want |
>
> Page 124

5 Écoute les conversations et écris des notes en français. (1–4)

 a Où? **b** Quand? **c** Heure?

Rendez-vous à quelle heure?

Rendez-vous à <u>midi moins le quart</u>.

6 En tandem. Prépare <u>deux</u> conversations. Utilise les images a et b. Écris des notes en français.

... au parc ... ?   *Je ne veux pas, merci.*

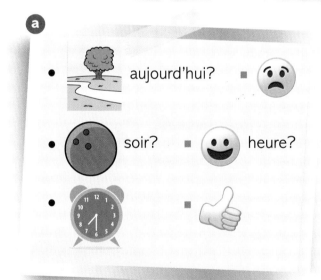

7 En tandem. Fais les <u>deux</u> conversations. Utilise tes notes mais fais l'exercice de mémoire si possible!

- *Tu veux aller au parc aujourd'hui?*
- *Non, merci. Je ne veux pas.*
- *D'accord. Tu veux ...*

- At the end of a word, –**x** (like –*s*) is usually silent: *je veux, tu veux*.

- To pronounce **aujourd'hui** correctly, break it down and say it like this: **au-joor-dwee**.

- Remember, your voice should go up slightly at the end of a question:

Tu veux aller au cinéma ce soir?

1 Lis le menu. Trouve et copie le bon mot pour chaque photo.

1 un ____

2 un ____ au ____

3 un ____

4 des ____

Café du Boulevard

Boissons chaudes

café express	2,50€
café crème	3,10€
chocolat chaud	3,00€
thé (au lait / au citron)	3,20€

Boissons fraîches

jus d'orange	3,00€
coca / coca light	4,00€
Orangina	3,60€
diabolo menthe	4,30€
eau minérale	3,00€

Casse-croûtes

sandwich (au fromage / au jambon)	5,30€
croquemonsieur	6,00€
frites	4,00€

Desserts

crêpe au sucre	5,10€
glace (chocolat / fraise / vanille / pistache)	4,20€

5 un ____ au ____

6 une ____ au ____

7 un ____

8 une ____ au ____ et à la pistache

2 Écoute. Qu'est-ce qu'ils veulent manger et boire?
Écris des notes en anglais. (1–5)

je voudrais	*I would like*

3 Écoute et lis le dialogue.

- *Vous désirez, <u>monsieur</u>?*
- *Je voudrais <u>un Orangina</u> et <u>un sandwich au fromage</u>, s'il vous plaît.*
- *Et pour vous, <u>mademoiselle</u>?*
- *Pour moi <u>un coca</u> et <u>une glace au chocolat</u>, s'il vous plaît.*
- *Très bien, merci.*

[Un peu plus tard …]

- *Pardon, monsieur. C'est combien, s'il vous plaît?*
- *Ça fait <u>dix-sept euros dix</u>, s'il vous plaît.*
- *Voilà, merci.*
- *Merci. Au revoir.*

4 Lis le dialogue encore une fois. Trouve les phrases en français.

1 What would you like?
2 I would like …
3 And for you?
4 How much is it, please?
5 It comes to …
6 Here you are, thanks.

5 En groupe de trois. Adapte le dialogue de l'exercice 3. Change les détails soulignés.

- *Vous désirez, mademoiselle?*
- *Je voudrais un thé au lait et une portion de frites, s'il vous plaît.*
- *…*

Make sure you use the correct word for 'you' in French.

- Use **tu** with one person you know well.
- Use **vous** with someone you don't know well or need to show respect to. Saying **tu** to an adult stranger sounds very rude!
- Also use **vous** with more than one person.

Remember also to use **s'il vous plaît** and **merci**.

The French use **monsieur** (sir), **madame** (madam) and **mademoiselle** (miss) a lot more than people do in English.

6 Listen. Are they polite or rude? Write P or R for each person. (1–3)

a the waiter / waitress
b the customer

7 Regarde la photo. Copie et complète le texte avec les bons mots de la case.

Sur la photo, il y a **1** personnes. Ils sont au café. À **2** , il y a le père, la fille et la **3** . À **4** , il y a le fils et le grand-père. Ils **5** des croissants, des sandwichs et des fruits. La mère **6** un jus d'orange. La fille a les **7** longs et blonds.

six	cheveux	boit
mangent	grand-mère	gauche
droite	yeux	

8 Décris la photo. Adapte le texte de l'exercice 7.

Sur la photo, il y a quatre personnes …

Attention!
Il/Elle **mange** / **boit** …
He / She is eating / drinking …

Ils/Elles **mangent** / **boivent** …
They are eating / drinking …

Remember, the **–s** on *ils/elles* is silent.
The **–ent** ending on verbs is also silent.

la pizza pizza

4 Qu'est-ce que tu vas faire?

- Saying what you are going to do
- Using the near future tense (*aller* + infinitive)

1 Écoute et lis. Complète chaque phrase avec le(s) bon(s) mot(s) de la case.

Qu'est-ce que tu vas faire à Paris?

1 Je vais visiter la _____. C'est le symbole de Paris!

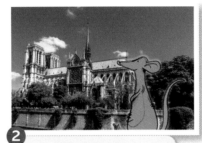

2 Je vais visiter la _____ Notre-Dame.

3 Je vais aller au _____ du Louvre parce que j'adore la *Joconde*!

6 Je vais acheter des souvenirs de Paris pour mes _____.

4 Je vais aller aux catacombes. C'est _____!

5 Je vais faire une balade en bateau-mouche sur la Seine. Je vais prendre des _____ des monuments célèbres!

musée	amusant
tour Eiffel	amis
photos	cathédrale

2 Écoute et écris les numéros des photos de l'exercice 1 dans le bon ordre. (1–3)

Use sequencers to describe a series of activities:

d'abord	first of all	***ensuite***	then / next
puis	then / next	***après***	after(wards)

3 En tandem. Jeu de mémoire. Imagine que tu vas visiter Paris!

- *Qu'est-ce que tu vas faire à Paris?*
- *D'abord, je vais <u>aller aux catacombes</u>. Et toi, qu'est-ce que tu vas faire?*
- *D'abord, je vais aller aux catacombes. Ensuite, je vais <u>visiter la tour Eiffel</u>. Et toi?*
- *D'abord, je vais aller aux catacombes. Ensuite, ... Puis ... Après ...*

G

You use the near future tense to say what you are <u>going</u> to do.

Use the present of the verb ***aller*** + an **infinitive**.

*Je **vais** visiter ...*
*Tu **vas** visiter ...*
*Il/Elle/On **va** visiter ...*
*Nous **allons** visiter ...*
*Vous **allez** visiter ...*
*Ils/Elles **vont** visiter ...*

Find examples of the near future tense in exercise 1 and work out what each one means.

Page 125

4 **Devine la fin de chaque phrase. Puis écoute et vérifie.**
Predict the end of each sentence. Then listen and check.
How many did you guess correctly?

Exemple: S'il fait beau, je vais prendre des photos.

Prediction is a key listening skill. Before you listen, use logic to predict the end of the sentences in exercise 4. Which activities is the speaker likely to do if it's hot, if it rains, etc?

1 S'il fait beau, je vais …

4 S'il fait froid, je vais …

2 S'il pleut, je vais …

5 S'il y a du vent, je vais …

| *si (s' before a vowel)* | *if* |

3 S'il fait chaud, je vais …

5 **Lis le texte et réponds aux questions en anglais.**

Visiter Paris en huit heures, c'est possible? Oui!

Je m'appelle Lucas et en septembre je vais visiter Paris.
Voici mon itinéraire:

10.00: D'abord, je vais aller au musée du Louvre, où je vais admirer la *Joconde*.

12.00: Ensuite, s'il fait chaud, je vais faire un pique-nique. Mais s'il fait froid, je vais manger un sandwich dans un petit café.

13.00: Puis je vais visiter la cathédrale Notre-Dame où je vais prendre beaucoup de photos sur mon portable.

14.00: Après, s'il fait beau, je vais faire une balade en bateau-mouche sur la Seine.

15.00: Bien sûr, je vais visiter la tour Eiffel! S'il ne pleut pas, je vais avoir une très belle vue de la capitale!

16.00: Finalement, je vais faire les magasins sur le boulevard Haussmann où je vais acheter des souvenirs pour ma famille et mes amis.

La Joconde

Les magasins sur le boulevard Haussmann

1 What is Lucas going to admire at the Louvre?
2 What will he do at lunchtime, if the weather is hot?
3 What will he do if it is cold?
4 How will his phone be useful when he visits Notre-Dame?
5 Why is he hoping it doesn't rain when he visits the Eiffel Tower?
6 Why is he planning to go shopping before leaving Paris?

Prediction can be a useful skill in reading too! In exercise 5, try reading the questions first. Can you predict the answers? Then read the text to check whether you guessed correctly.

6 **Tu vas visiter Paris en cinq heures!**
Qu'est-ce que tu vas faire? Utilise les images et les idées du texte de l'exercice 5.

10.00: D'abord, je vais visiter la tour Eiffel. Ensuite, s'il fait beau, je vais manger une glace …

Je vais visiter Paris!

- Talking about plans for a special weekend
- Using two tenses together

Lis les phrases et fais <u>deux</u> listes en anglais.

a what Rémi normally does at the weekend

b what he is going to do next weekend

Normalement / D'habitude, le weekend, …

Le weekend prochain, c'est mon anniversaire! …

Je **vais** au centre de loisirs.

Je **fais** les magasins.

Je **joue** au basket.

Je **mange** une pizza.

Je **vais aller** au zoo.

Je **vais faire** un tour en Segway.

Je **vais jouer** au laser-tag.

Je **vais manger** un gâteau au chocolat.

Rémi

Écoute et écris P (présent), F (futur), ou P+F (présent et futur). Note les activités en anglais. (1–5)

Time phrases are often a clue to the time-frame:

normalement (normally) ➡ present tense

d'habitude (usually) ➡ present tense

le weekend prochain (next weekend) ➡ future

samedi prochain (next Saturday) ➡ future

But sometimes you just have to listen or look for the tense of the verb!

 G

Use the <u>present tense</u> to say what <u>you normally do</u>.

*Normalement, le weekend, **je fais les magasins** dans ma ville.*

Normally, at the weekend, **I go shopping** in my town.

Use the <u>near future tense</u> to say what <u>you are going to do</u> in the future.

*Le weekend prochain, **je vais faire les magasins** à Paris!*

Next weekend, **I am going to go shopping** in Paris!

Page 125

En tandem. Fais une conversation. Utilise les images ou tes propres idées.

- *Qu'est-ce que tu fais normalement, le weekend?*
- *Normalement, je …*

- *Qu'est-ce que tu vas faire, le weekend prochain?*
- *Le weekend prochain, je vais aller à Paris. S'il fait beau, je vais …*

D'habitude, / Normalement, je / j'		
vais …		joue …
fais …		écoute …
Le weekend prochain, je vais		
visiter …		faire …
prendre …		manger …

4 Écoute et lis. Trouve dans le texte <u>quatre</u> activités au présent et <u>six</u> activités au futur. Note les verbes en français.

La Tour de Londres

Je m'appelle Clara. J'habite à Paris, la capitale de la France, ▮▮ mais le weekend prochain, je vais visiter Londres, la capitale de l'Angleterre! 🇬🇧

Normalement, le samedi matin, je joue au volleyball et le soir, je regarde un film avec mes amis. Le dimanche, s'il fait beau, je fais du roller au Trocadéro ou s'il pleut, je vais au musée du Louvre.

Mais le weekend prochain, je vais visiter la Tour de Londres. Je vais aussi prendre des photos du palais de Buckingham et de Big Ben. S'il fait froid, je vais regarder les dinosaures au musée d'Histoire naturelle ou je vais aller au théâtre.

Le dimanche, je vais faire une balade en bateau sur le fleuve et je vais acheter des souvenirs pour ma famille.

le fleuve	river

Big Ben et, à gauche, le palais de Westminster

5 Relis le texte de l'exercice 4. Réponds aux questions en français pour Clara.

1 Qu'est-ce que tu fais normalement, le samedi soir?
2 Qu'est-ce que tu fais le dimanche, s'il pleut?
3 Qu'est-ce que tu vas visiter à Londres?
4 Qu'est-ce que tu vas faire s'il fait froid?
5 Qu'est-ce que tu vas acheter?

6 Tu vas passer un weekend à Paris! Qu'est-ce que tu vas faire? Prépare un blog audio. Adapte le texte de l'exercice 4.

- Say what you normally do and what you are going to do next weekend. (*Normalement ... , mais le weekend prochain ...*)
- Form and pronounce tenses correctly (*je **fais** ... / je **vais faire** ...*).
- Use the pictures, or your own ideas.
- Include time expressions and a weather phrase with *si*. (*le samedi matin, s'il fait beau ...*)
- Practise your audioblog, then record it.
- Listen to your partner's audioblog. Award one, two or three stars for **a** correct use and formation of tenses, and **b** correct pronunciation.

- The verb endings *–ais*, *–ait* and *–er* all sound the same as *–é*. Try saying this:
*S'il **fait** mauvais, je **vais** aller au café.*

- Although *–s* on the end of a word is usually silent, when it is followed by a vowel you do pronounce the s, but it sounds a bit like z: *Je vais_aller*.

- In French, 'zoo' is pronounced *zo*.

LES BATEAUX-MOUCHES

La tour Eiffel

LES CATACOMBES

Le parc zoologique de Paris

Les tours de Paris à Segway

Bilan

P

I can ...
- say what there is in my town: .... il y a une piscine / des magasins
- say what there is not in my town: .... il n'y a pas de château / mosquée
- give my opinion of my town: .... J'aime habiter ici parce que c'est génial.
- understand prices in euros: .... cinq euros dix, onze euros cinquante

1

I can ...
- say where I go at the weekend: .... Le samedi matin, je vais au parc.
- use the verb **aller**: .... je **vais**, tu **vas**, nous **allons**
- use **au/à la/à l'/aux** correctly: .... **au** parc, **à la** plage, **à l'**église, **aux** magasins

2

I can ...
- invite somebody out: .... Tu veux aller au musée?
- react to an invitation: .... Bonne idée! / Tu rigoles!
- use the verb **vouloir** (to want): .... je **veux**, tu **veux**, ils/elles **veulent**

3

I can ...
- order food and drinks in a café: .... Je voudrais un coca et des frites.
- use **tu** or **vous** forms as appropriate: .... s'il **te** plaît / s'il **vous** plaît, tu **veux**? / vous **voulez**?

4

I can ...
- say what I am going to do: .... Je vais faire les magasins.
- use the **near future** tense: .... Elle **va prendre** ... / Nous **allons visiter** ...

5

I can ...
- talk about plans for a visit to Paris: .... Je vais visiter la tour Eiffel.
- use **two tenses** together: .... D'habitude **je joue** ... mais le weekend
  prochain **je vais jouer** ...

Révisions

1 Write down at least <u>eight</u> places you can find in a town. Can you remember their gender? Check your answers using the *Vocabulaire* on page 126.

2 Your friend says *Tu veux aller au cinéma*? What are they asking?
Say two different things to react:

   a positively 😊   **b** negatively 😧

3 In pairs. Take turns to order something to eat or drink in a café. How many items can you remember? Start with *Je voudrais …* and use the *Vocabulaire* on page 126 if you need help.

4 Complete the invitation *Tu veux … ?* in at least <u>five</u> different ways.

5 Your friend messages you. Translate their message into English and write a reply in French.

> Ce soir je vais faire les magasins et puis je vais manger une glace. Tu veux venir?

6 In pairs. Can you write the <u>six</u> different forms of the verb *aller* from memory? Work with your partner until you can both do so.

7 In pairs. Explain to your partner, who is about to go to France, when to use *tu* and when to use *vous*.

8 Your friend is in Paris and has sent you a text. Translate it into English.

> Ce matin, on va aller au Centre Pompidou. Après, on va faire une balade en bateau-mouche.

9 You are going to visit Paris. Translate these sentences into French.
If you need help, look at the *Vocabulaire* on page 127.

   a I am going to visit the Eiffel Tower.   **c** My sister is going to buy souvenirs.

   b I am going to take some photos.   **d** We are going to go to the Louvre Museum.

En focus

Écouter 1

Écoute l'interview de Ryan et réponds aux questions en anglais.

À L'ANTENNE

1 What sort of a place does Ryan live in?
2 What sporting facility does his town or village not have?
3 Why does he not like living there?
4 Where does he usually go on Saturday evenings?
5 Why is he hoping for hot weather next weekend?
  (Give one detail.)

Remember, prediction is a key listening skill. Before you listen, read the questions and try to predict what Ryan might say. Think logically!

Écrire 2

Traduis les phrases en français.

Make the adjective agree. 'Town' is feminine in French.

Is each noun masculine or feminine? Do you need *un* or *une*?

1 I live in a big town.
2 There is a café and a swimming pool.
3 Do you want to go to the beach?
4 Usually, I go to the cinema.
5 Next weekend, I am going to visit Paris.

Do you need *au, à la, à l'* or *aux*?

Use the near future tense (part of *aller* + the infinitive).

Parler 3

En tandem. Jeu de rôle. Lis les conversations à haute voix.
Complète les conversations avec tes propres réponses.

a Tu es dans un café, en France.

- *Vous désirez?*
- ■ (Order something to eat) *Je voudrais …*
- *Et comme boisson?*
- ■ (Order something to drink) *Je …*
- *Très bien, merci.*
- ■ (Ask how much it costs) *Pardon, madame/monsieur. C'est …?*
- *Ça fait neuf euros cinquante, s'il vous plaît.*
- ■ (Say 'here you are, thank you') *Voilà, …*
- *Merci. Au revoir.*

b Tu parles avec ton ami(e) français(e).

- *Salut!*
- ■ (Ask your friend if he/she wants to go bowling this evening) *Tu veux aller …?*
- *Non, merci. Je ne veux pas. C'est ennuyeux.*
- ■ (Ask if he/she wants to go to the cinema.) *Tu …?*
- *Ah, oui, je veux bien, merci. Rendez-vous à quelle heure?*
- ■ (Suggest meeting at 6.30) *Rendez-vous à …*
- *D'accord.*
- ■ (Say 'see you later') *… !*

Think about who you are talking to in each of these role plays. Should you use *tu* or *vous*? Remember to be polite! Include 'please' and 'thank you'.

4 Lis le texte. Écris la lettre de la bonne activité.

Salut, Benoît

Génial! Tu vas passer le weekend prochain ici! On va faire beaucoup d'activités! Vendredi, s'il fait beau, on va faire une randonnée dans la forêt mais s'il fait mauvais, on va aller au bowling.

Samedi, s'il fait chaud, on va aller à l'Aquaplouf – c'est une grande piscine en plein air. S'il fait un peu froid, on va rester à la maison et jouer aux cartes, d'accord?

Dimanche, s'il ne pleut pas, mes parents vont faire un barbecue dans le jardin. On va avoir des hamburgers! Tu aimes ça? S'il pleut, on va manger dans un restaurant.

À bientôt.

Nathan

In the text you will see sentences about different people in the near future tense. Look out for these forms:

tu vas
on va } + infinitive
ils/elles vont (*aller*, *faire*, etc.)

en plein air   open air

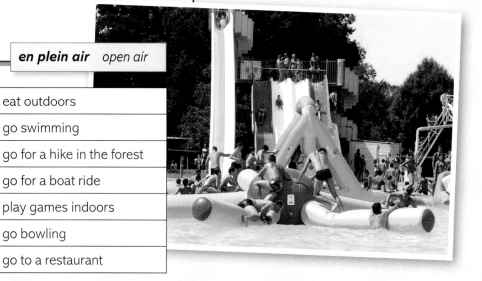

1	Friday	**a** eat outdoors
2	Friday	**b** go swimming
3	Saturday	**c** go for a hike in the forest
4	Saturday	**d** go for a boat ride
5	Sunday 	**e** play games indoors
		f go bowling
		g go to a restaurant

5 Conversation. Prépare tes réponses aux questions. Puis écoute et réponds.

- *Habites-tu dans une ville ou un village?*
- *J'habite dans une petite ville.*
- *Qu'est-ce qu'il y a dans ta ville ou ton village?*
- *Il y a un parc et une église, mais il n'y a pas de piscine.*
- *Aimes-tu habiter ici?*
- *Oui, j'aime / Non, je n'aime pas habiter ici, parce que c'est assez amusant / ennuyeux.*
- *Où vas-tu, le weekend?*
- *Le samedi matin / je vais au bowling ou …*
- *Qu'est-ce que tu vas faire, le weekend prochain?*
- *Le weekend prochain, je vais aller à la patinoire avec ma sœur.*

6 Écris un article sur ta ville / ton village. Utilise les questions de l'exercice 5.

To create longer, more interesting sentences, use *si* + a weather phrase.

S'il fait beau, je …, mais s'il pleut …

En plus

1 En tandem. Regarde le calligramme, puis donne ton opinion.

S
A
LUT
M
ON
DE
dont
je suis
LA LAN
GUE É
L O Q U E N
TE QUE TA
BOUCHE
O PARIS
TIRE ET TIRERA
TOU   JOURS
AUX   A L
LEM   ANDS

The French poet Apollinaire wrote *calligrammes*: poems whose shapes are related to their content. In 1916, when France was at war with Germany, he wrote this poem to show Paris's defiance. Can you recognise the Parisian landmark?

| Je pense que le calligramme est … | créatif
ingénieux
amusant
nul
ennuyeux | parce que | j'aime
je n'aime pas | l'idée.
la forme.
le texte. |

Tu es d'accord?

Oui, je suis d'accord. Moi aussi, je pense que …
Non, je ne suis pas d'accord. Moi personnellement, je pense que …

2 En groupe. Discute les trois calligrammes. Utilise le tableau de l'exercice 1.

1 Je vais visiter le musée du LOUVRE. Je vais regarder LA PYRAMIDE

2 Le weeekend, quand il fait beau je vais au parc … je vais au café … je vais à la piscine … je vais à la forêt … je vais à la plage …

3 à la vanille au caramel à la fraise à la menthe au café à la framboise au citron au chocolat à la pistache à la noix de coco Quel parfum? Bonjour, vous désirez? Je voudrais une glace!

3 Écris un calligramme. Utilise des idées du livre. Essaie d'utiliser des phrases complètes.

For ideas, look at the *Vocabulaire* pages at the end of each module. You could make an animal shape using pet and description sentences from Module 2, or a house shape using sentences about homes and rooms from Module 4.

4 Wendie a visité Paris. Lis et décide si chaque tweet est positif (P) ou négatif (N).

Wendie went on a trip to Paris. Read her tweets and decide if each one is positive (P) or negative (N).

1 J'ai admiré la vue de la tour Eiffel. #ParisJeTaime

2 #Paris J'ai acheté des souvenirs cool.

3 J'ai mangé une glace horrible. #Paris

4 J'ai payé un coca 7€ dans un café. #Paris

5 J'ai regardé un bon film au ciné. #ParisJeTaime

6 J'ai visité un musée fabuleux. #Paris

7 J'ai détesté mon hôtel. #Paris

8 #Paris J'ai manqué le train Eurostar pour Londres.

5 Trouve les verbes dans l'exercice 4.

1	I paid	5	I missed
2	I visited	6	I bought
3	I admired	7	I hated
4	I ate	8	I watched

> **G**
> To talk about what you did <u>in the past</u> using *–er* verbs, use **j'ai** and the <u>past participle</u>. To form the past participle, remove the *–er* ending from the infinitive and add **–é**.
>
> **j'ai** visit**é** I visit**ed**   **j'ai** mang**é** I **ate**
>
> Page 125 ▶

6 Écoute et trouve le bon verbe. (1–7)

a j'ai acheté   **b** j'ai quitté   **c** j'ai admiré   **d** j'ai téléchargé

e j'ai regardé   **f** j'ai visité   **g** j'ai mangé

7 En groupe. Joue!

Take turns to throw two dice. Translate the sentence for the number you throw. If you get it right, collect that number of points. If you throw a double, have another go. If you throw double 6, choose any sentence and translate it.

2 J'ai joué au laser-tag.	**4** J'ai partagé mes photos.	**6** J'ai écouté des musiciens.	**8** I loved the hot chocolate.	**10** I hated the minty lemonade.
3 J'ai visité le Stade de France.	**5** J'ai téléchargé des vidéos.	**7** I ate a croissant.	**9** I bought souvenirs.	**11** I admired the *Mona Lisa*.

> Remember to pronounce *–é* on the end of each verb correctly. *J'ai* and *é* rhyme with each other.

Grammaire

Aller (Unit 1, page 108)

1 Write the correct pronoun and part of *aller* to translate each English sentence.

1 I go to the cinema. ➡ __ ____ au cinéma.
2 She is going to Paris. ➡ ____ __ à Paris.
3 Do you (*tu*) go to church? ➡ Est-ce que __ ___ à l'église?
4 I am going to London. ➡ __ ____ à Londres.
5 We go to the shops. ➡ ____ _____ aux magasins.
6 He is going to the castle. ➡ __ __ au château.

The verb ***aller*** (to go) is irregular.

je **vais**
tu **vas**
il/elle/on **va**
nous all**ons**
vous all**ez**
ils/elles **vont**

 French verbs in the present tense can have two meanings.

je vais means '**I go**' or '**I am going**'.

À (Unit 1 page 108)

2 Solve the puzzle and write a sentence saying where you go each day.

Example: Le lundi je vais à la patinoire.

le lundi
le mardi
le mercredi
le jeudi
le vendredi
le samedi
le dimanche

le parc
le cinéma
le bowling
la plage
la patinoire
l'église
les catacombes

À means 'to' (or 'at').

When ***à*** comes before ***le*** or ***les***, ***au*** or ***aux*** is used instead.

Here are the words you need:

masculine	*au café*	to the café
feminine	*à la piscine*	to the pool
vowel or silent *h*	*à l'église*	to the church
plural	***aux*** *magasins*	to the shops

Vouloir (Unit 2, page 111)

3 Translate the sentences into English.

1 Tu veux aller au cinéma?
2 Elle veut aller à la plage.
3 Nous voulons aller à Paris.
4 Je veux regarder un film.
5 Je ne veux pas aller aux magasins.
6 Mes sœurs ne veulent pas jouer au foot.

vouloir (to want) is an irregular verb.

je **veux**	I want
tu **veux**	you want
il/elle/on **veut**	he/she wants / we want
nous **voulons**	we want
vous **voulez**	you want (plural or polite)
ils/elles **veulent**	they want

Vouloir is a <u>modal verb</u>. Modals are often followed by an **infinitive**.
*Je veux **aller** au café.* I want **to go** to the café.

To make ***vouloir*** sentences negative, put ***ne ... pas*** around the modal verb.

*Je **ne veux pas** aller au parc.*
I **don't want to** go to the park.

Using *tu* and *vous* (Unit 3, page 113)

4 In pairs. Decide whether you should use *tu* or *vous* to talk to these people. Then decide what you would say to ask each of them to go to the cinema: *Tu veux aller au cinéma?* or *Vous voulez aller au cinéma?*

1 your friend
2 a group of friends
3 your friend's little brother
4 a shop assistant
5 a stranger asking for directions
6 your friend's parents

There are two different words for 'you' in French: make sure you use the right one.

tu: for a <u>child</u>, <u>young person</u> or <u>one person you know well</u>.

vous: for <u>an adult you don't know well</u> or <u>need to show respect to</u>, and for <u>more than one person</u>.

 As a rough guide, consider whether you would call the person by his/her first name or not. If yes, use *tu*. If not, use *vous*.

The near future tense (Unit 4 page 114)

5 Unjumble the sentences and then translate them into English.

1 la Je cathédrale vais visiter .
2 Tu des acheter souvenirs vas ?
3 prendre photos va des On .
4 allez Vous une manger glace .
5 Nous arriver allons heures à huit .
6 pique-nique vont Mes organiser un parents .

You use the near future tense to talk about what <u>is going to</u> happen in the future.

It is formed with part of the verb *aller* + an **infinitive**.

*Je **vais visiter** le château.*
I **am going to visit** the castle.

*Elle **va aller** à Paris.*
She **is going to go** to Paris.

6 Translate these weekend plans into French.

1 I am going to visit the museum.
2 My sister is going to play football.
3 My dad is going to buy a shirt.
4 My brothers are going to eat an ice cream.
5 We are going to go to the cinema.
6 My sister and I are going to go shopping.

The perfect tense (En plus, page 123)

7 Translate the verbs into French, using the infinitive in brackets.

Example: **1** J'ai joué

1 I played (*jouer*)
2 I watched (*regarder*)
3 I danced (*danser*)
4 I liked (*aimer*)
5 I ate (*manger*)
6 I spoke (*parler*)

You use the perfect tense to talk about what <u>has happened</u> or <u>happened</u> in the past.

It is formed with part of the verb *avoir* (e.g. *j'ai*) + a <u>past participle</u>.

 The past participle of *–er* verbs has the ending *–é*.

Vocabulaire

Qu'est-ce qu'il y a dans … ?	*What is there in … ?*	une piscine	*a swimming pool*
ta ville/ton village	*your town/village*	des magasins	*(some) shops*
Il y a …	*there is …*	Il n'y a pas de café /	*There isn't a café./*
un centre de loisirs	*a leisure centre*	magasins.	*There aren't any shops.*
un centre commercial	*a shopping centre*	Il n'y a pas d'église.	*There isn't a church.*
un château	*a castle*	le prix	*price*
un marché	*a market*	un euro	*one euro*
un musée	*a museum*	trois euros cinquante	*3,50 € (three euros fifty)*
une mosquée	*a mosque*	un adulte / un enfant	*an adult / a child*
une patinoire	*an ice rink*	moins de 12 ans	*less than 12 years old*

Unité 1 (pages 108–109) *Où vas-tu le weekend?*

Où vas-tu le weekend?	*Where do you go at the weekend?*	à la piscine	*to the swimming pool*
		à la plage	*to the beach*
Je vais …	*I go …*	à l'église	*to the church*
au bowling	*to the bowling alley*	aux magasins	*to the shops*
au cinéma / parc	*to the cinema / park*	le samedi matin /	*on Saturday mornings /*
au stade	*to the stadium*	après-midi / soir	*afternoons / evenings*

Unité 2 (pages 110–111) *Tu veux aller au café?*

Tu veux aller au café?	*Do you want to go to the café?*	Merci. Bonne idée!	*Thank you. Good idea!*
Tu veux venir?	*Do you want to come?*	Oui, je veux bien.	*Yes, I want to.*
aujourd'hui	*today*	D'accord	*OK*
ce matin	*this morning*	Pourquoi pas?	*Why not?*
cet après-midi	*this afternoon*	Non, merci.	*No, thanks.*
ce soir / weekend	*this evening / weekend*	Désolé(e)!	*Sorry!*
Rendez-vous à quelle heure?	*What time will we meet?*	Je ne veux pas.	*I don't want to.*
Rendez-vous à …	*Let's meet at …*	Tu rigoles!	*You're joking!*

Unité 3 (pages 112–113) *Vous désirez?*

Vous désirez?	*What would you like?*	un croquemonsieur	*a grilled cheese and ham sandwich*
Pardon, madame/monsieur.	*Excuse me, madam/sir.*		
Je voudrais …	*I would like …*	un sandwich au fromage/	*a cheese/ham sandwich*
Pour moi …	*For me …*	au jambon	
un Orangina	*a fizzy orange*	une crêpe au sucre	*a pancake with sugar*
un diabolo menthe	*a mint cordial*	une glace au chocolat/	*chocolate/vanilla/*
une grenadine à l'eau	*a pomegranate cordial*	à la vanille/à la fraise/	*strawberry/pistachio*
un café express	*an espresso coffee*	à la pistache	*ice cream*
un café crème	*a milky coffee*	des frites	*chips*
un chocolat chaud	*a hot chocolate*	Et pour vous?	*And for you?*
un thé au lait/au citron	*a tea with milk/lemon*	C'est combien, s'il vous plaît?	*How much is it, please?*
un jus d'orange	*an orange juice*	Ça fait …	*It comes to …*
un coca (light)	*a (Diet) Coke*	Voilà, merci.	*Here you are, thanks.*
une eau minérale	*a mineral water*		

Unité 4 (pages 114–115) *Qu'est-ce que tu vas faire?*

Qu'est-ce que tu vas faire à Paris?	*What are you going to do in Paris?*	aller aux Catacombes	*to go to the Catacombs*
Je vais …	*I am going …*	faire une balade en bateau-mouche	*to go on a boat trip*
visiter la cathédrale Notre Dame	*to visit Notre Dame Cathedral*	prendre des photos	*to take photos*
visiter la tour Eiffel	*to visit the Eiffel Tower*	acheter des souvenirs	*to buy souvenirs*
aller au musée du Louvre	*to go to the Louvre*	admirer la *Joconde*	*to admire the Mona Lisa*
		faire un pique-nique	*to go on a picnic*

Unité 5 (pages 116–117) *Je vais visiter Paris!*

normalement/d'habitude	*usually*	manger un gâteau	*to eat a cake*
le weekend	*at weekends*	manger une pizza	*to eat a pizza*
le weekend prochain	*next weekend*	manger une glace	*to eat an ice cream*
samedi prochain	*next Saturday*	aller au zoo	*to go to the zoo*
Je vais …	*I am going …*	aller au centre de loisirs	*to go to the leisure centre*
jouer au basket	*to play basketball*	faire un tour en Segway	*to go on a Segway tour*
jouer au foot	*to play football*	faire les magasins	*to go shopping*
jouer au laser-tag	*to play laser-tag*		

Les mots essentiels *High-frequency words*

Pronouns

tu ....*you*
(singular and familiar – one person you know well)

vous ....*you*
(plural – more than one person; or polite – someone older or who you don't know well)

Connectives

où ....*where*
ou ....*or*
si (s' before a vowel) ....*if*

Time expressions

aujourd'hui ....*today*
ce matin ....*this morning*
cet après-midi ....*this afternoon*
ce soir ....*this evening*
ce weekend ....*this weekend*
normalement/d'habitude ....*usually*
le lundi matin ....*on Monday mornings*
le mardi après-midi ....*on Tuesday afternoons*
le samedi soir ....*on Saturday nights*
le weekend ....*at weekends*
le weekend prochain .... *next weekend*
dimanche prochain .... *next Sunday*

Stratégie 5

Memory techniques

Here are a couple of techniques to try – see if they help you remember vocabulary.

1 Link the French word with an English sentence that helps you remember its meaning.

e.g. The French word for 'market' is *marché*. So you could think of a sentence like 'I like to **march** around the market'.

The French word for 'if' is *si*. So you could think of a sentence like '**See if** you can remember what *si* means'.

2 Make a **mnemonic** to help you with tricky spellings.

e.g. to learn to spell *piscine*, you could remember the phrase

Pools **I**n **S**cotland **C**ontain **I**ntelligent **N**ervous **E**els

Think of your own examples for some words from the module. The sillier, the better!

À toi A

1 Solve the number problems. Write the numbers as words in French. Then write four more number problems for your partner.

Exemple: trois + quatre = sept

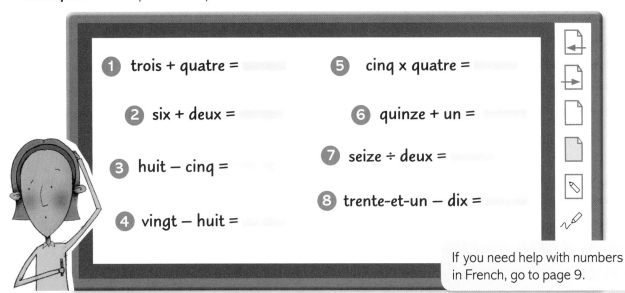

1 trois + quatre =

2 six + deux =

3 huit – cinq =

4 vingt – huit =

5 cinq x quatre =

6 quinze + un =

7 seize ÷ deux =

8 trente-et-un – dix =

If you need help with numbers in French, go to page 9.

2 Work out what the sentences say and write them down in French. Then translate them into English.

1 Bonjour. Comment ça va?

2 Je m'appelle Lucas.

3 J'ai onze ans.

4 Mon anniversaire, c'est le 5 avril.

5 J'ai une sœur et deux frères.

6 Je suis assez bavard, mais très amusant.

Lucas

3 Write short messages for Thomas and Lola. Adapt the sentences from exercise 2.

Je m'appelle Thomas. J'ai ... ans. ...

Remember to make adjectives agree if they refer to someone female.

bavard ➡ *bavarde*

1

name	Thomas
age	13
birthday	8 June
family	two sisters
personality	shy, patient

2

name	Lola
age	12
birthday	23 November
family	one half-brother
personality	intelligent, talkative

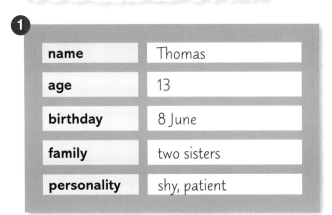

À toi B

1 Decode the messages and write them out in French. Then write about your own likes and dislikes.

> J'aime le vélo et la ... J'aime aussi les ..., mais je n'aime pas ...

Remember:
J'aime / Je n'aime pas + definite article (*le*, *la*, *les*) + noun.
For help, see page 14.

2 Find the odd one out each time and explain why in English. Look at the grammar! More than one correct answer may be possible.

Example: **1** c – because it uses *un* / the noun is masculine

1 a Il y a une table.   b Il y a une porte.   c Il y a un ordinateur.   d Il y a une fenêtre.

2 a Il y a un écran.   b Il y a une tablette.   c Il y a un prof.   d Il y a un tableau noir.

3 a Il y a des chaises.   b Il y a des élèves.   c Il y a des posters.   d Il y a un écran.

4 a J'aime les pizzas.   b J'aime les vacances.   c J'aime le cinéma.   d J'aime les araignées.

5 a Je suis grand.   b Je suis intelligent.   c Je suis petite.   d Je suis patient.

3 Read the text. Find the **three** false English statements and correct them.

La famille Chedid a du talent!

Je m'appelle -M- et je suis musicien français. Mon vrai nom, c'est Matthieu Chedid.

La musique, c'est ma passion!

Ma famille, c'est une famille très musicale! Mon père, Louis, est musicien. J'ai un frère, Joseph, et deux sœurs, Émilie et Anna.

J'aime mes cinq albums solos, mais j'aime aussi mon album de 2015 avec mon père, mon frère et ma petite sœur, Anna.

1 -M-'s real name is Matthieu Chedid.
2 Music is his passion.
3 His father is called Joseph.
4 He has two brothers and one sister.
5 He has made four solo albums.
6 He also made an album with three other family members.

mon père	my father
avec	with

À toi A

Lire 1 Read the sentences. Who is speaking: Paul Positif or Nina Négative?

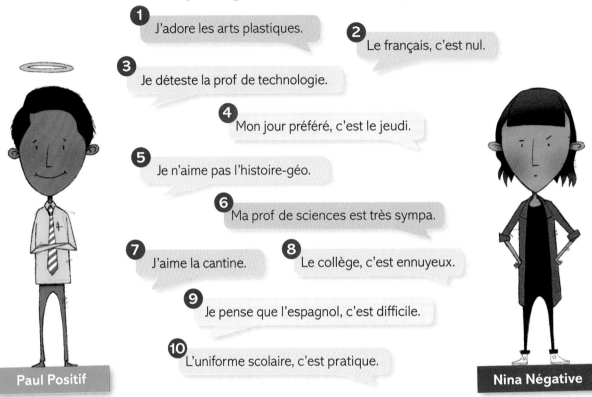

1 J'adore les arts plastiques.

2 Le français, c'est nul.

3 Je déteste la prof de technologie.

4 Mon jour préféré, c'est le jeudi.

5 Je n'aime pas l'histoire-géo.

6 Ma prof de sciences est très sympa.

7 J'aime la cantine.

8 Le collège, c'est ennuyeux.

9 Je pense que l'espagnol, c'est difficile.

10 L'uniforme scolaire, c'est pratique.

Paul Positif

Nina Négative

Écrire 2 Write **three** more sentences for Paul Positif and **three** for Nina Négative.

Lire 3 Read the forum about what French pupils wear to school.

1	Rosbif	Je porte un pantalon, une chemise blanche et une cravate. Je porte aussi un pull noir.
2	Louloute	Je porte un jean bleu ou un pantalon. En été, je porte un short ou une mini-jupe parce que c'est chic.
3	PSG96	Je porte un jean noir et un tee-shirt ou un maillot Paris Saint-Germain parce que j'adore le foot.
4	Lynnette21	Je porte un pantalon ou un jean avec une chemise ou un tee-shirt. Je porte des baskets parce que c'est pratique et confortable.

Who ...

1 wears black jeans?
2 likes to be comfortable?
3 wears blue jeans?
4 wears a black jumper?
5 wears a tie?
6 wears trainers?
7 likes to be stylish?
8 loves football?

Écrire 4 Write similar forum entries for Paul Positif and Nina Négative. Use the pictures from exercise 1 to describe what they wear to school.

À toi B

1 Look at Arthur's timetable. Decide if his sentences are true (T) or false (F).

	lundi	mardi	mercredi	jeudi	vendredi
8h30	maths	français	histoire-géo	EPS	CDI
9h25	français	anglais	maths	EPS	anglais
10h20	RÉCRÉATION				
10h40	histoire-géo	maths	français	français	sciences
11h35	sciences	vie de classe	chorale	sciences	technologie
12h30	DÉJEUNER				
13h55	technologie	musique		anglais	arts plastiques
14h50	RÉCRÉATION				
15h10	anglais	EPS		histoire-géo	français
16h05		EPS		maths	

1 Le lundi, à neuf heures vingt-cinq, j'ai français.
2 Le lundi, les cours commencent à huit heures et quart.
3 Le vendredi, à deux heures moins cinq, j'ai arts plastiques.
4 Il y a une récréation à dix heures vingt.
5 Le jeudi, je rentre à la maison à quatre heures cinq.
6 Le mardi, à trois heures dix, j'ai deux heures de technologie.
7 Le mercredi, à midi moins vingt-cinq, je chante dans la chorale.
8 On mange à midi et demi.

Arthur

2 Imagine that you are Arthur. Write **five** more true/false sentences about your timetable. Swap with your partner and ask him/her to decide whether your sentences are true or false.

3 Read Yara's blog about her favourite day. Then copy and complete the form in English.

Je m'appelle Yara et mon collège s'appelle le collège Anne Frank. Mon jour préféré, c'est le mercredi. Je quitte la maison à sept heures et quart et on commence les cours à huit heures. D'abord, j'ai maths. Je suis forte en maths et c'est très facile. Après la récréation, j'ai sciences. Le prof de sciences est sévère mais très cool. Ensuite j'ai histoire-géo. C'est vraiment intéressant. Le mercredi, je rentre à la maison à midi vingt. J'ai un cours de karaté le mercredi à quatre heures et quart.

Name:
Name of school:
Favourite day:
Leaves home at:
Starts lessons at:
Lessons and opinions:
Goes home at:
After-school activity:

Yara

À toi A

1 Copy and complete the sentences using the words in the box.
Then translate the sentences.

1 Quand il ☁, je joue aux cartes.

2 Quand il y a du ☀, je joue au tennis.

3 Quand il fait 🌡, je joue au football.

4 Quand il fait 🌡, je joue aux boules.

5 Quand il y a du ☁ je joue au billard.

chaud

froid

pleut

soleil

vent

2 Read the texts. Copy and complete in English the profile for each person.
If you need help, look back at Unit 2 (page 63).

Je m'appelle Jules. Je suis très sportif!
Tous les weekends, je fais de la natation.
Souvent, je fais
de l'athlétisme
et parfois je
joue au basket.
Quand il pleut, je
joue aux échecs.

Je m'appelle Alexia. Je
ne suis pas très sportive,
mais tous les weekends,
je fais des randonnées.
Souvent, je fais de la
cuisine et parfois je fais
du patin à glace. Quand il
fait mauvais, je joue aux
cartes avec mon frère.

name	Jules
sporty / not sporty	
every weekend …	
often …	
sometimes …	
in bad weather …	

3 Write two texts similar to those in exercise 2:
one for Théo and one for yourself.

Look up any vocabulary you need on page 78.

- Use *jouer* for sports you play:
  Je jouer au / à la / aux …
- Use *faire* for sports/activities you do:
  Je fais du / de la / de l' / des …
- Remember also: *sportif* (masculine),
  sportive (feminine).

name	Théo
sporty / not sporty	not sporty
every weekend …	cycling
often …	skateboarding
sometimes …	swimming
in bad weather …	pool

À toi B

1 Write out correctly the sentences about Olivia's likes and dislikes.
Then translate them into English.

1 J'aimeenvoyerdesSMSettchatteravecmescopines.

2 J'adoreregarderdesvidéosmaisjen'aimepasbloguer.

3 Jedétesteprendredesselfiesetpartagerdesphotos.

4 Jen'aimepastéléchargerdeschansonsmaisj'adoreécouterdelamusique.

5 Qu'est-cequetuaimesfairesurtonportableousurtatablette?

2 Read the text. Is each English sentence true (T)
or false (F)? Correct the false statements.

INTERVIEW AVEC
Sélim Mustafa

Bonjour, Sélim. Tu fais quel sport?

Je fais de la gymnastique.

Est-ce que tu fais souvent de la gymnastique?

Oui, tous les jours – trois heures par jour! J'adore la gymnastique, mais c'est très difficile.

Qu'est-ce que tu fais aussi?

En été, je fais du jogging, mais en hiver, je fais de la natation. Tous les lundis et vendredis je fais aussi de la musculation à la salle de gym.

Qu'est-ce que tu aimes faire le weekend?

Le weekend, j'aime écouter de la musique et regarder des films.

Merci, Sélim.

par jour	*per day*
la musculation	*weight training*

1 Sélim does gymnastics every day.
2 He finds it quite easy.
3 He goes jogging all year round.
4 He goes swimming in winter.
5 He goes to the gym twice a week.
6 At the weekend, he likes cooking.

3 Write an interview with a sportsperson of your choice.
Adapt the text in exercise 2 and invent the details.

- Say which sport you do / play.
- Say how often: *Je fais … (tous les mardis)*.
- Say what other activities you do: *En (été), je … Quand il (fait froid), je …*
- Say what you like to do at the weekend.
- Include an opinion: *C'est …*

À toi A

1 These people have lost their pets. Choose the right pet and colour to complete each description.

| chat cochon d'Inde lézard chien oiseau | vert gris blanc bleu marron |

J'ai perdu mon **a** .
Il est long et **b** .

J'ai perdu mon **a** .
Il est petit et **b** .

J'ai perdu mon **a** .
Il est grand. Il est **b** et blanc.

J'ai perdu mon **a** .
Il est **b** et roux.

J'ai perdu mon **a** .
Il est **b** et jaune.

> ***j'ai perdu*** *I have lost*

2 Read the descriptions and identify each criminal.

1 **Max Méchant** a les yeux marron. Il a les cheveux mi-longs et blonds. Il a des tatouages.

2 **Annie Aggressive** porte des lunettes. Elle a les yeux verts. Elle a les cheveux courts et noirs.

3 **Victor Vilain** a les cheveux marron, courts et bouclés. Il a les yeux bleus et une petite barbe.

a AVIS DE RECHERCHE

b AVIS DE RECHERCHE

c AVIS DE RECHERCHE

d AVIS DE RECHERCHE

e AVIS DE RECHERCHE

3 Choose <u>one</u> of the remaining criminals from exercise 2. Write a description of him/her in French.

Léonard Louche a ...
Christelle Cruelle a ...

Re-read the descriptions in exercise 2 for help with the vocabulary you will need. If you need more help, look back at Module 4 Unit 1.

À toi B

1 Read the sentences and work out what each person eats and drinks for breakfast. Copy out the grid and use it to help you solve the puzzle. Every item is eaten or drunk once, and each person eats and drinks something.

	bread	croissant	cereal	eggs	milk	hot chocolate	water	fruit juice
Marie								
Louise								
Marc								
Thomas								

Add ticks and crosses to your grid to record the information you find out. For example, if you find out that a boy eats cereal, then you can cross out cereal for Marie and Louise, the two girls.

- Un garçon mange un croissant.
- Une fille boit du chocolat chaud.
- Louise mange du pain. Elle n'aime pas le chocolat chaud.
- Thomas boit de l'eau.
- Une personne boit du chocolat chaud et mange des céréales.
- Les garçons n'aiment pas le lait.
- Une personne boit du jus de fruits et mange un croissant.

> **un garçon** a boy
> **une fille** a girl

2 Write the answers to exercise 1 in French.   *Marie mange … et elle boit …*

3 Read the text and correct the **eight** mistakes in the English translation.

J'habite avec ma mère, mon beau-père et ma sœur dans une petite maison en France. J'ai deux chats – ils s'appellent Boule et Bill – mais j'adore aussi les chiens. Il y a un grand jardin et nous mangeons souvent dans le jardin. Au petit déjeuner, nous mangeons des céréales avec du lait parce que nous n'aimons pas le petit déjeuner traditionnel.

I live with my mother, my father and my sister in a small flat in France. I have two snakes – they are called Boule and Bill – but I love rabbits too. There is a big garden and we often play in the garden. For breakfast, my sister eats cereal with fruit because she doesn't like the traditional breakfast.

4 Translate these sentences into French. Adapt the text in exercise 3 to help you.

1. I live with my parents, my grandmother and my brother in a big house in England.
2. I have three rabbits – they are called Rose, Violette and Blanche.
3. But I love hamsters too.
4. There is a big kitchen and we eat in the kitchen every day.
5. For breakfast, we eat toast with jam because we like the traditional breakfast.

À toi A

1 Copy and complete the café menu. Fill in the missing letters.

CAFÉ DU MOULIN

a	c◆fé ◆xpr◆ss	2,10€	**e**	◆and◆ich au fro◆a◆e	5,00€
b	◆hocola◆ c◆au◆	3,20€	**f**	cr◆q◆emon◆ieur	6,50€
c	t◆é au ◆ait	3,00€	**g**	f◆ite◆	4,20€
d	e◆u mi◆éra◆e	2,50€	**h**	g◆a◆e	4,00€

2 Using the menu, prepare the bill for each of these orders.

Example: **1** 2 x thé au lait: 6,00€
2 x glace: 8,00€
Total: **14,00€**

3 Read the online forum, then copy and complete the sentences in English.

EN FOCUS: ta ville ou ton village	
33Dornie	J'habite dans un petit village. Dans mon village il y a une église, trois magasins et un café. Normalement le dimanche après-midi, je vais au café avec mes copains. Le weekend prochain, je vais faire du vélo.
Zaza	J'aime habiter dans une grande ville. D'habitude le samedi soir, je vais au stade. Le weekend prochain je vais regarder Lille–Monaco avec mes frères. Le dimanche matin, je vais au parc.
ElGreco	J'aime ma ville parce qu'il y a une piscine, un cinéma et un bowling. Le weekend prochain, s'il fait chaud, je vais aller à la plage avec mes copains. On va manger une glace.
LaBelle	J'adore habiter à Paris. Normalement s'il fait mauvais, je fais les magasins avec ma mère. Le weekend prochain, je vais aller au musée du Louvre avec ma classe. C'est top parce que j'adore les arts plastiques.

1 In *33Dornie*'s village, there is / are …
2 On Sunday afternoons, he …
3 *Zaza* goes to the stadium on …
4 Next weekend, she …

5 *ElGreco* likes his town because …
6 If it's hot next weekend, he …
7 When the weather is bad, *LaBelle* …
8 Next weekend, she …

4 Adapt *33Dornie*'s forum entry to write your own about where you live and what you do there.

J'habite dans <u>une grande ville</u>. Dans <u>ma ville</u> il y a …

À toi **B**

Just as in English, there is a special French 'text speak' which some people use when texting their friends.

- Some common words like *salut* are shortened to a few letters.
- Groups of letters are replaced by other letters or numbers which sound similar.

1 **In pairs. Match the French with the 'text speak'.**

1	Salut!	**7**	je vais	**a**	tu fé	**g**	Rdv
2	Bonjour!	**8**	tu viens?	**b**	tu v1?	**h**	Keske
3	ça va?	**9**	merci	**c**	CV?	**i**	je vé
4	bien	**10**	d'accord	**d**	b 1	**j**	6né
5	Qu'est-ce que	**11**	rendez-vous	**e**	dak	**k**	SLT!
6	tu fais	**12**	ciné	**f**	Mr6	**l**	Bjr!

tu viens? *are you coming?*

If you get stuck, try reading the 'text speak' aloud.

2 **Read the texts and rewrite them in 'correct' French.**

SLT Alice CV?
Keske tu fé ce soir?
Je vé au 6né. Tu v1?

Bjr Thomas.
Je veux b1 Mr6.

Rdv au 6né à 7h30 dak?

Dak!

é replaces *ai* and *ais*
s replaces *ç*
k replaces *qu*
1 replaces *ien* or *in*
6 replaces *ci* or *si*

3 **Match the text messages with the pictures.**

1   Je vé fR du Vlo.

2   Je vé fR du sk8.

3   Je vé fR les magaz1s.

4   Je vé HT des souvenirs.

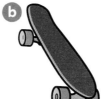

4 **Use the dialogue from exercise 2 and an activity from exercise 3 to write your own conversation in 'text speak'. Ask your partner to read your message aloud to see if he/she can understand it.**

Do you remember the French alphabet? It can help you here.

Les verbes

Infinitives

The infinitive form is the form of the verb that you find in the dictionary. In English it translates as the verb with the word 'to' in front (to go, to play, to do). Sometimes it also translates into the –ing form of the verb (going, playing, doing). Here are the infinitives covered in this book.

Regular –er verb infinitives

acheter	to buy	étudier	to study	rentrer	to go home
adorer	to love	habiter	to live	retrouver	to meet
aimer	to like	gagner	to win	rigoler	to laugh/joke
arriver	to arrive	jouer	to play	surfer	to surf
bloguer	to blog	manger	to eat	tchatter	to chat (online)
chanter	to sing	nager	to swim	télécharger	to download
commencer	to start	partager	to share	téléphoner	to phone
danser	to dance	porter	to wear	travailler	to work
détester	to hate	quitter	to leave	visiter	to visit
écouter	to listen (to)	regarder	to watch		
envoyer	to send	recommencer	to start again		

Irregular verb infinitives

aller	to go	être	to be	vouloir	to want
avoir	to have	faire	to do/make		
boire	to drink	prendre	to take		

The present tense

1 Regular –er verbs

Take the –er off the infinitive and add these endings. These verbs can translate into English either as 'I watch' or 'I am watching', etc.

–er verbs ending in –ger, e.g. manger (to eat), nager (to swim), have a slightly different pattern in the nous form.

regarder – to watch	
je regard**e**	I watch
tu regard**es**	you watch
il/elle/on regard**e**	he/she watches / we watch
nous regard**ons**	we watch
vous regard**ez**	you watch (plural or polite)
ils/elles regard**ent**	they watch

manger – to eat	
je mang**e**	I eat
tu mang**es**	you eat
il/elle/on mang**e**	he/she eats / we eat
nous mang**eons**	we eat
vous mang**ez**	you eat (plural or polite)
ils/elles mang**ent**	they eat

2 Irregular verbs

Learn these by heart – each verb follows a different pattern! Learn the infinitives too as they come in useful and are not always that easy to recognise.

avoir – *to have*	
j'**ai** (= je + ai)	*I have*
tu **as**	*you have*
il/elle/on **a**	*he/she has / we have*
nous **avons**	*we have*
vous **avez**	*you have (plural or polite)*
ils/elles **ont**	*they have*

aller – *to go*	
je **vais**	*I go*
tu **vas**	*you go*
il/elle/on **va**	*he/she goes / we go*
nous **allons**	*we go*
vous **allez**	*you go (plural or polite)*
ils/elles **vont**	*they go*

être – *to be*	
je **suis**	*I am*
tu **es**	*you are*
il/elle/on **est**	*he/she is / we are*
nous **sommes**	*we are*
vous **êtes**	*you are (plural or polite)*
ils/elles **sont**	*they are*

faire – *to do/make*	
je **fais**	*I do*
tu **fais**	*you do*
il/elle/on **fait**	*he/she does / we do*
nous **faisons**	*we do*
vous **faites**	*you do (plural or polite)*
ils/elles **font**	*they do*

boire – *to drink*	
je **bois**	*I drink*
tu **bois**	*you drink*
il/elle/on **boit**	*he/she drinks / we drink*
nous **buvons**	*we drink*
vous **buvez**	*you drink (plural or polite)*
ils/elles **boivent**	*they drink*

vouloir – *to want*	
je **veux**	*I want*
tu **veux**	*you want*
il/elle/on **veut**	*he/she wants / we want*
nous **voulons**	*we want*
vous **voulez**	*you want (plural or polite)*
ils/elles **veulent**	*they want*

Modal verbs with infinitives

Modal verbs are verbs that are often followed by an infinitive, e.g. I want to go, I want to see. To say what you want to do, use *vouloir* + infinitive.

vouloir ('to want to') + infinitive	
je veux regarder	*I want to watch*
tu veux regarder	*you want to watch*
il/elle/on veut regarder	*he/she wants to watch we want to watch*
nous voulons regarder	*we want to watch*
vous voulez regarder	*you want to watch (plural or polite)*
ils/elles veulent regarder	*they want to watch*

The near future tense

In order to say what you 'are going to do', use the present tense of *aller* + infinitive.

aller ('to go') + infinitive	
je vais regarder	*I'm going to watch*
tu vas regarder	*you are going to watch*
il/elle/on va regarder	*he/she is going to watch we are going to watch*
nous allons regarder	*we are going to watch*
vous allez regarder	*you are going to watch (plural or polite)*
ils/elles vont regarder	*they are going to watch*

Glossaire

A

à *at; to; in*
à bientot *see you soon*
à cause de *because of, due to*
à droite *on the right*
à gauche *on the left*
à part *apart from, except*
acheter *to buy*
l' acteur *actor* (m)
l' activité *activity*
l' actrice *actor* (f)
adapter *to adapt*
admirer *to admire*
l' adolescent *teenager* (m)
l' adolescente *teenager* (f)
adorer *to love*
l' adulte *adult*
l' Afrique *Africa*
l' âge *age*
aller *to go*
alors *then, in that case*
les Alpes *the Alps* (f pl)
l' alphabet *alphabet*
américain(e) *American*
l' ami *friend* (m)
l' amie *friend* (f)
l' an *year*
ancien(ne) *old, ancient*
l' âne *donkey*
anglais(e) *English*
l' animal *animal, pet*
l' année bissextile *leap year*
l' anniversaire *birthday*
août *August*
après *after, afterwards*
l' après-midi *afternoon*
l' araignée *spider*
l' arbre *tree*
arriver *to arrive*
l' art martial *martial art*
l' artiste *artist* (m/f)
assez *quite*
associer *to match*
l' aspect *appearance*
Athènes *Athens*
l' athlétisme *athletics*
au centre *in the middle*
au fond *at the back*
aujourd'hui *today*
aussi *also*
l' automne *autumn, fall*
autour *around; about*
autre *other*
avare *mean*
avec *with*
l' aventure *adventure*
l' aventurier *adventurer, explorer* (m)
l' aventurière *adventurer, explorer* (f)
avoir *to have*
avril *April*

B

le bal *dance*
la balade *stroll, ride, drive*
le balcon *balcony*
le ballon *ball*
la banane *banana*
la bande dessinée (BD) *comic book*
barré(e) *closed, shut*
battre *to whisk; to beat*
bavarder *to chat*
beau (belle) *beautiful*
beaucoup (de) *a lot (of)*
la Belgique *Belgium*
beurk *ugh, yuk*
le beurre *butter*
bientôt *soon*
bienvenue *welcome*
le biscuit *biscuit*
la bise *kiss*
blanc(he) *white*
bleu(e) *blue*
boire *to drink*
la boisson *drink*
bon(ne) *good, tasty*
le bonbon *sweet*
Bonne Année! *Happy New Year!*
bonsoir *good evening*
bosser *to work (informal)*
la boule de neige *snowball*
bravo *well done*
le brie *brie cheese*
la bûche de Noël *Yule log*
le bulletin *school report*

C

ça *that, this; it*
le cadeau *present*
le/la camarade *classmate* (m/f)
le canard *duck*
le canari *canary*
la cantine *canteen*
la capitale *capital*
le caractère *character, personality*
la carotte *carrot*
la carte d'identité *ID card*
la casquette *cap*
le casse-croûte *snack*
la cathédrale *cathedral*
célèbre *famous*
le cercle *circle*
la cerise *cherry*
la chaise *chair*
le championnat *championship*
la Chandeleur *Pancake Day*
le chant *singing, song*
chanter *to sing*
le chapeau *hat*
chaque *each*
le charbon *coal*
le chat *cat*

le château *castle*
chaud(e) *hot*
chercher *to look for*
les cheveux *hair* (m pl)
le chien *dog* (m)
le chocolat *chocolate*
le chocolat chaud *hot chocolate*
choisir *to choose*
la chorale *choir*
chouette *great, nice*
le ciel *sky*
la colo (colonie de vacances) *holiday camp*
combien *how much/many*
comme *like, as*
commencer *to start*
comment *how; what*
la compétition *competition*
compléter *to complete*
composer (de) *to consist (of); to arrange*
le compositeur *composer* (m)
compter *to count*
la consonne *consonant*
le copain *friend/mate* (m)
copier *to copy*
la copine *friend/mate* (f)
la Côte d'Ivoire *Ivory Coast*
coucou *hiya*
la couleur *colour*
la cour *courtyard; playground*
courageux(se) *brave*
le cours *class*
la course *race*
la cravate *tie*
le crayon *pencil*
créer *to create*
la crème *cream*
la crêpe *pancake*
crier *to scream*
la criminalité *criminality*
les crudités *raw vegetables* (f pl)
la cuillerée *spoonful*
la cuisine *cooking; kitchen*
culturel(le) *cultural*
le cyclisme *cycling*

D

d'abord *first of all*
d'accord *OK, all right*
d'habitude *usually*
dangereux(se) *dangerous*
dans *in*
danser *to dance*
de *of; from*
de la *some*
décembre *December*
décorer *to decorate*
décrire *to describe*
le défilé (militaire) *(military) parade*
dehors *outside*

le déjeuner *lunch*
déjeuner *to have lunch*
délicieux(se) *delicious*
demander *to ask*
démodé(e) *old-fashioned*
le départ *departure*
depuis *since, for*
des *some*
descendre *to go down*
désolé(e) *sorry*
le dessert *dessert*
le dessin animé *the cartoon*
dessiner *to draw*
détester *to hate*
deuxième *second*
devant *in front of*
les devoirs *homework* (m pl)
le dialogue *dialogue*
difficile *difficult*
la dinde *turkey*
le dîner *dinner*
dîner *to have dinner*
le dinosaure *dinosaur*
dire *to say*
discuter *to discuss, to chat*
donner *to give*
le drapeau *flag*
du *some*

E

l' eau *water*
écouter *to listen*
l' écran *screen*
écrire *to write*
l' écrivain *author*
Édimbourg *Edinburgh*
l' éducation religieuse *religious education*
l' effort *effort*
l' élément *element*
l' éléphant *elephant*
l' élève *pupil* (m/f)
en *in; of*
l' enfant *child* (m/f)
enfin *finally; well*
enregistrer *to record*
ensuite *then*
énorme *enormous, huge*
entier(-ière) *whole*
l' entrée *entrance; first course*
environ *around, about*
équilibré(e) *well-balanced, healthy*
l' équipe *team*
l' équipement scolaire *school equipment*
l' équitation *horse riding*
l' erreur *mistake*
l' escalade *rock climbing*
l' espagnol *Spanish language*
espagnol(e) *Spanish*
est-ce que tu … *do you …*

et *and*
l' été *summer*
être *to be*
être d'accord *to agree*
étudier *to study*
excellent(e) *excellent*
l' extrait *extract*

F

fabuleux(se) *fabulous*
facile *easy*
faire *to do, to make*
faire la fête *to celebrate*
faire un pique-nique *to have a picnic*
la famille *family*
le fantôme *ghost*
la femme *woman*
la fenêtre *window*
la fête *celebration, party*
la fête nationale *national holiday/festival*
le feu d'artifice *fireworks*
février *February*
le filet (de poisson) *(fish) fillet*
la fille *girl*
la fin *end*
la finale *final*
finalement *finally*
finir *to finish*
la flèche *arrow*
la fleur *flower*
le fleuve *river*
fondre *to melt*
fondu(e) *melted*
le footballeur *football player* (m)
la footballeuse *football player* (f)
la forêt *forest*
la forme *shape*
formidable *great, astounding; astonishing*
fort(e) *strong; hard*
le foulard de tête *headscarf*
frais(fraîche) *fresh*
la framboise *raspberry*
français(e) *French*
les frites *chips* (f pl)
le fromage *cheese*
le fruit *fruit*
furieux(se) *furious, angry*

G

le gant *glove*
le garçon *boy*
le gâteau *cake*
les gens *people* (m pl)
le geste *gesture*
la glace *ice; ice cream*
grand(e) *big; tall*
la grand-mère *grandmother*
la Grande-Bretagne *Great Britain*
grincheux(se) *grumpy*

le grizzli *grizzly bear*
gros(se) *big, large; fat*
la guitare *guitar*
la gymnastique *gymnastics*

H

l' habitant *inhabitant*
habiter *to live*
hanté(e) *haunted*
le harcèlement *bullying*
le haricot *bean*
le héros *hero*
le hibou *owl*
l' hiver *winter*
le hockey sur glace *ice hockey*
l' huître *oyster*
humain(e) *human*

I

ici *here*
l' idée *idea*
incorporer *to blend, to incorporate*
l' infinitif *infinitive*
l' informatique *ICT*
ingénieux(se) *ingenious, clever*
intelligent(e) *intelligent, smart*
l' interview *interview*
l' itinéraire *route*

J

japonais(e) *Japanese*
le jambon *ham*
janvier *January*
jaune *yellow*
le jean *jeans*
le jeu de rôle *role play*
le jeu de société *board game*
le jeu *game*
le jeu vidéo *video game*
jeune *young*
les jeunes *young people* (m/f)
les Jeux Olympiques (JO) *Olympic Games*
joli(e) *pretty*
le jour *day*
le jour de congé *day off*
le/la journaliste *journalist* (m/f)
la journée *day*
le judo *judo*
juillet *July*
juin *June*
juste *fair, right*
la justice *justice*

Glossaire

L

la **langue** *language; tongue*
le **lapin** *rabbit*
la **lettre** *letter*
la **liberté** *freedom*
  libre *free*
la **limonade** *lemonade*
  lire *to read*
  Londres *London*
la **lune** *moon*
les **lunettes** *glasses* (f pl)
la **lutte** *wrestling*

M

  mademoiselle *Miss*
  madame *madame; Mrs*
le **magasin** *shop*
le **magicien** *magician* (m)
la **magicienne** *magician* (f)
  magique *magical*
  magnifique *magnificent, wonderful*
  mai *May*
  maigre *thin*
le **maillot** *sports jersey*
  mais *but*
la **maison** *house, home*
le **mandarin** *Mandarin language*
  manger *to eat*
  manquer *to miss*
le **Maroc** *Morocco*
la **marraine** *godmother*
  marrant(e) *funny*
  marron *brown, chestnut*
  mars *March; Mars*
les **maths** *maths*
les **matières scolaires** *school subjects*
le **matin** *morning*
  mauvais(e) *bad; incorrect*
le **mec** *guy; boyfriend (informal)*
le **membre** *member*
le **mensonge** *lie*
  merci *thank you*
  Mercure *Mercury*
la **messe** *mass*
  miam-miam *yummy*
le **micro-onde** *microwave*
  moi *me*
le **mois** *month*
le **monde** *world*
le **moniteur** *group leader* (m)
la **monitrice** *group leader* (f)
  monsieur *sir, Mr*
la **montagne** *mountain*
  monter *to go up*
le **mot** *word*
la **motoneige** *snowbiking*
le **moyen de transport** *means of transport*
le **muesli** *muesli*
le **mur** *wall*
la **musculation** *weight training*
la **musique** *music*

N

  nager *to swim*
la **natation** *swimming*
la **nature** *nature*
la **neige** *snow*
  nerveux(se) *nervous*
  Noël *Christmas*
la **noix de coco** *coconut*
le **nombre** *number*
  normalement *usually, normally*
  noter *to note down*
  nouveau(-elle) *new*
  novembre *November*
le **numéro** *number*

O

l' **océan** *ocean*
  octobre *October*
l' **omelette** *omelette*
l' **opinion** *opinion*
l' **orchestre** *orchestra*
l' **ordre** *order*
l' **os** *bone*
  ou *or*
  où *where*
  ouf *phew*

P

le **palais** *palace*
le **palmier** *palm tree*
la **panthère** *panther*
  par contre *on the other hand*
  par exemple *for example, for instance*
  parader *to parade, to march*
le **paradis** *paradise*
le **parapluie** *umbrella*
  parce que *because*
  pardon *sorry, excuse me*
  paresseux(se) *lazy*
  parfois *sometimes*
le **parfum** *perfume; flavour*
  parisien(ne) *Parisian*
le **parlement** *parliament*
  parler *to speak, to talk*
le **parrain** *godfather*
  partager *to share*
  pas *not*
le **passe-temps** *hobby*
la **passion** *passion*
  passionné(e) *passionate*
le **patinage artistique** *figure skating*
  payer *to pay*
le **pays** *the country*
la **peinture** *paint, painting*
  penser *to think*
la **pente** *slope*

le **personnage** *character*
la **personne** *person*
  personnellement (perso) *personally, myself*
la **perte** *loss; waste*
le **petit déjeuner** *breakfast*
  peu à peu *gradually*
la **phase** *phase, stage*
la **photo** *picture*
la **phrase** *sentence*
  physique *physical*
la **pièce** *room*
la **piscine** *swimming pool*
la **place** *space, room; place*
la **plage** *beach*
la **planche à voile** *windsurfing*
la **planète** *planet*
le **plat** *dish*
  plein air *outdoors*
  plus *more*
la **poésie** *poetry*
le **poisson** *fish*
le **polo** *polo shirt*
  populaire *popular*
le **portable** *mobile phone*
  porter *to wear; to carry*
  poser *to put, to place*
  possible *possible*
la **potion** *potion*
le **poulet** *chicken*
  pour *for, in order to*
  pratiquer *to practise, to play*
le **préau** *covered courtyard*
  préféré(e) *favourite*
  premier(-ière) *first*
  prendre *to take*
le **prénom** *name*
  préparer *to prepare*
la **présentation** *presentation*
le **président** *president*
  presque *almost*
le **printemps** *spring*
le **prix** *price*
  prochain *next*
le/la **professeur** *teacher* (m/f)
  propre *clean; own*
la **prune** *plum*
la **publicité** *advert*
  puis *then*
le **pull** *jumper*
la **pyramide** *pyramid*

Q

  qu'est-ce qu'/que ... *what is ...*
  quand *when*
  quel(le) *which, what*
  quelque chose *something*
  quelque *some, a few*
la **question** *question*
  qui *who*
  quitter *to leave*

R

le raisin *grape*
la randonnée *hike*
râpé(e) *grated*
rapide *fast*
la ratatouille *ratatouille*
la récréation *break time*
le réfrigérateur *fridge*
regarder *to watch*
remplir *to fill in*
la rentrée (scolaire) *start of the school year*
rentrer *to go home*
répéter *to repeat*
répondre *to answer*
la réponse *the answer*
le restaurant *restaurant*
rester *to stay*
le résumé *summary*
rien *nothing*
rigoler *to laugh*
le riz *rice*
la robe *dress, gown*
le roller *roller skating*
rouge *red*
roulé(e) *rolled up*
la routine *routine*

S

s'appeler *to be called*
s'il vous plaît *please*
le sac *bag*
le saint *saint*
la salade *salad*
sale *dirty*
la salle de classe *classroom*
salut *hi*
le sapin *fir tree*
Saturne *Saturn*
le/la scientifique *scientist*
scientifique *scientific*
se méfier de *to beware of*
septembre *September*
le serpent *snake*
seul *only*
sévère *strict*
le short *(pair of) shorts*
si *if*
siffler *to whistle*
signifier *to mean*
le soir *evening*
le soldat *soldier*
le soleil *sun*
le sondage *survey*
le sorcier *wizard* (m)
la sorcière *witch* (f)
souligner *to underline*
sous *under*
souterrain(e) *underground*
souvent *often*

le sport nautique *water sport*
la station de ski *ski resort*
studieux(se) *studious, hard-working*
le sucre *sugar*
le sucre glace *icing sugar*
la Suisse *Switzerland*
sur *on*
surtout *especially*
sympa *nice*
le système solaire *solar system*

T

le tableau *painting; board; grid*
la tarte *pie, tart*
la tartelette *tartlet*
le tatouage *tattoo*
la télé (télévision) *television, TV*
téléphoner *to phone, to call*
le temps libre *free time*
le temps *time; weather*
le tennis de table *table tennis*
le terrain *ground; field*
le théâtre *theatre*
le thème *theme*
timide *shy*
le tir à l'arc *archery*
la tomate *tomato*
les tongs *flip-flops* (f pl)
top *excellent, great*
la tour *tower*
le tour *tour, visit*
le/la touriste *tourist*
tous(-tes) *all* (pl)
tout(e) *all* (sg)
tout-terrain *cross-country, off-road*
traditionnel(le) *traditionnal*
traditionnellement *traditionnally*
traduire *to translate*
le train *train*
le train à grande vitesse (TGV) *high-speed train*
le traîneau *sledge*
le travail *work*
travailler *to work*
très *very*
triste *sad*
trop *too*
trouver *to find*
la Tunisie *Tunisia*
le tunnel *tunnel*

U

un peu *a bit*
l' Union européenne (UE) *the European Union*
l' univers *universe*
l' usage *use*
utiliser *to use*

V

les vacances *holidays* (f pl)
la vache *cow*
la vanille *vanilla*
Varsovie *Warsaw*
le vélo *bicycle, bike*
venir *to come*
Vénus *Venus*
vérifier *to verify, to check*
la vérité *truth*
vert *green*
la vie *life*
la visite *visit*
visiter *to visit*
le visiteur *visitor, guest*
la vitamine *vitamin*
la vitesse *speed*
vive ... *long live ...*
voici *here is/are*
le voisin *neighbour*
la voix *voice*
vouloir *to want*
voyager *to travel*
la voyelle *vowel*
vraiment *really*
le VTT *mountain bike*
la vue *view*

W

le weekend *weekend*
le wifi *wifi*

Y

le yaourt *yogurt*
les yeux *eyes* (m pl)
youpi *yippee, hooray*

Instructions

Adapte (les phrases / le texte) …	*Adapt (the sentences / the text) …*
Associe (les phrases et les images) …	*Match (the sentences and the pictures) …*
Ça parle de quoi?	*What is it about?*
Ça se dit comment en français?	*How do you say that in French?*
C'est quel mot?	*Which word is it?*
Choisis (une saison / un des textes / la photo) …	*Choose (a season / one of the texts / the photo) …*
Complète la conversation avec tes propres réponses.	*Complete the conversation with your own responses.*
Copie et complète (le tableau / les nombres).	*Copy and complete (the table / the numbers).*
Dessine le bon symbole.	*Draw the right symbol.*
Écoute (encore une fois) et vérifie.	*Listen (again) and check.*
Écoute et chante!	*Listen and sing!*
Écoute et écris / note la bonne lettre.	*Listen and write / note the right letter.*
Écoute et lis …	*Listen and read …*
Écoute, répète et fais les gestes.	*Listen, repeat and do the gestures.*
Écoute. Qui parle?	*Listen. Who is speaking?*
Écris (la bonne lettre / le bon prénom).	*Write (the right letter / the right name).*
En groupe.	*In a group.*
En tandem …	*In pairs …*
En tandem. Jeu de mime.	*In pairs. Miming game.*
Fais un dialogue (avec ton/ta camarade).	*Make a dialogue (with your partner).*
Fais un sondage. Pose quatre questions à tes camarades.	*Do a survey. Ask your classmates four questions.*
Interviewe trois camarades.	*Interview three classmates.*
Jeu de mémoire.	*Memory game.*
Jeu de rôle.	*Role play.*
L'opinion est positive (P) ou négative (N)?	*Is the opinion positive (P) or negative (N)?*
Lis … à haute voix.	*Read … out loud.*
Lis et trouve …	*Read and find …*
Lis le texte et réponds aux questions en anglais.	*Read the text and answer the questions in English.*
Parle avec ton/ta camarade.	*Talk to your partner.*
Prends des notes.	*Take notes.*
Puis dis les mots à haute voix.	*Then say the words out loud.*
Puis écoute et réponds.	*Then listen and answer.*
Puis choisis deux phrases et traduis-les.	*Then choose two sentences and translate them.*
Qu'est-ce qu'il y a sur la photo?	*What is in the photo?*
Que signifient les mots soulignés?	*What do the underlined words mean?*
Quel est le bon ordre?	*What is the correct order?*
Qui parle?	*Who is speaking?*
Regarde la photo / l'image et prépare tes réponses aux questions.	*Look at the photo / the image and prepare your answers to the questions.*
Regarde les photos et adapte le dialogue.	*Look at the photos and adapt the dialogue.*
Traduis ces phrases en français.	*Translate these phrases into French.*
Traduis en anglais …	*Translate into English …*
Trouve le bon mot / le bon personnage.	*Find the right word / the right character.*
Vrai ou faux?	*True or false?*